China's Peril and Promise

- An Advanced Reader -

Text

China's Peril and Promise

中國的危機與希望

- An Advanced Reader -

Text

周質平　　王學東　　楊玖

Chih-p'ing Chou　　Xuedong Wang　　Joanne Chiang

Princeton University Press

Princeton, New Jersey

ISBN 0-691-02884-2

The publisher would like to acknowledge the authors of these volumes for providing the camera-ready
copy from which these books were printed

Princeton University Press books are printed on acid-free paper and meet the
guidelines for permanence and durability of the Committee on Production
Guidelines for Book Longevity of the Council on Library Resources

Printed in the United States of America by Princeton Academic Press

1 3 5 7 9 10 8 6 4 2

目　　录

Preface

China's Peril and Promise is an advanced Chinese reader prepared for students who would like to enhance their understanding of modern China in general, and modern Chinese literature and intellectual history in particular, through reading authentic materials. The selections, which span the twentieth century and include essays, short stories, biographies, and criticisms, expose the students not only to a variety of modern Chinese literary genres but to some of the major substantive issues that modern Chinese intellectuals have faced.

In organizing the reader we have paid special attention to length, difficulty, and genre. The first three selections, although drawn from a time span of fifty years, share the theme of urging the Chinese people to dare to speak out about problems in their surroundings. The second part of the collection includes short stories that reflect cruelty, hypocrisy, inequality, and other evils in Chinese society. Biography has always played a major role in Chinese historiography, thus, to a certain extent, the accounts of Lu Xun, Hu Shi, and Mao Zedong in Part Three can be read as thumbnail sketches of modern Chinese history. Part Four, on "criticism," includes essays on issues that many modern Chinese have discussed and pondered. The unity that underlies all four parts is Chinese intellectuals' concern with both peril and promise in modern China's destiny.

The reader consists of two volumes. The first contains the selected texts, printed in both traditional and simplified characters, and some discussion questions on each. There are also brief introductions in both English and Chinese to the authors and their works. The second volume includes vocabulary lists and sentence patterns.

We have condensed certain pieces that were, in their originals, somewhat too lengthy for teaching purposes. We have made every effort, however, to maintain the style and spirit of the originals.

The reader has been field-tested for three years, with good results, at Princeton University and in the Princeton-in-Beijing summer program.

We are grateful to Gail Hu, Matthew Roberts, Ryan O'Connell, Kim Nerres-Cooke, and Helen McCabe for their tireless assistance in word-processing and proof-reading.

Chih-p'ing Chou
Xuedong Wang
Joanne Chiang

Princeton University
October 1995

序

《中国的危机与希望》是继《中国知识分子的自省》之后所编定的第二册现代汉语高级读本。选材在时间上横跨了二十世纪，在文体上则涵盖了杂文、小说、传记和评论。我们希望这些选材不但能为各种不同的近代中国文体提供一个范本，同时也能让读者了解近代中国知识分子所关切的一些议题。

在选材的安排上，我们尽量顾到文章的长短、难易和文体的异同。书首的三篇杂文在时间上虽相距半个多世纪但在内容上却有一定的呼应，基本上都是呼吁中国人作一个敢于直言的"傻子"。第二部份的小说则反映了中国人的残酷，虚伪和社会的不平与黑暗。传记一向是中国历史的主要成份，透过鲁迅、胡适和毛泽东的传记可以看到近代中国的一些侧影和迴光。在第四部份"评论"中所选的四篇文章是当代中国人经常讨论和思考的议题。

本书在选材上容或有杂文、小说、传记和评论的不同，但在内容上却一致的体现了中国近代知识分子对国家和社会的深切关怀，从这关怀之中我们看到了中国的危机和希望。

本书分装成两册，第一册是本文，采繁、简字并列方式。每篇选文的篇首都有中、英文的作者和文章背景简介。文后则附讨论问题。第二册是生字和词语例句。

为了便于教学，过长的文章我们作了一定的删节，并尽可能保持原作的内容和精神。

　　本书过去三年来在普林斯顿大学和普大北京暑期汉语培训班试用，效果良好，并已有不少学校选做教材。

　　本书得以出版特别要向胡龙华老师、饶猛志先生、欧瑞安先生、金蓓莉小姐和米梦珂小姐深致谢忱，他们为本书作了许多输入和校对的工作。

周质平，王学东，杨玖

在普林斯顿大学

一九九五年十月

China's Peril and Promise

- An Advanced Reader -

Text

（一）
立　论
-鲁　迅-

背景简介:

鲁迅（1881-1936）本名周树人，是二十世纪中国最有影响的作家和评论家，也是近代中国短篇小说的奠基者。他的作品如〈狂人日记〉、〈阿Q正传〉、〈孔乙己〉等已成了中国短篇小说的经典。每一个受过教育的中国人几乎都或多或少地读过鲁迅的作品。他的作品不但反映了清末民初的时代脉动，也深刻地剖析了中国人的个性，尖锐地指出了中国人的虚假、残忍和奴性。

鲁迅早年留学日本，从医学改习文学，希望用文学来救治中国人的"病"。除了小说以外，他还写了大量的杂文来批判中国的旧传统。从本书所选的两篇短文中可以看出鲁迅特有的讽刺。

〈立论〉是一个虚构的故事。在简短的对话中，说明了人类虚伪的通性。人们喜欢的往往是假话，实话是说不得的。

〈立论〉最初发表于1925年7月13日的《语丝》周刊，第三十五期，收入《鲁迅全集》（北京: 人民文学出版社，1981，共十六册）册二，《野草》，页207。

（一）

立　　論

-魯　迅-

Lu Xun (1881-1936), original name Zhou Shuren, was one of China's most influential writers and critics of the twentieth century. He was also one of the creators of the modern Chinese short story. His works such as, "Diary of a Madman," "The True Story of Ah-Q," "Kong Yiji," and many others, have become classics of modern Chinese literature. Nearly every educated Chinese has read Lu Xun's works at one time or another. His works not only reflect the period between the end of the Qing dynasty and the beginning of the Chinese Republic, but also analyze the mentality of the Chinese. They poignantly remark on hypocrisy, cruelty, and slavishness in the Chinese character.

Lu Xun's early years were spent studying abroad in Japan. His field of study changed from medicine to literature; his hope was to use literature to "cure" the "disease" that afflicted China. In addition to short stories, he also wrote many articles that criticized China's old traditions. From the two selections included in this book, "A Smart Person, a Fool, and a Slave" and "To Take a Stand," we are able to discern Lu Xun's unique style and sarcasm.

"To Take a Stand" was first published on July 13, 1925 in *Yusi Weekly*, no. 35. It was included in *Lu Xun quanji* (Lu Xun's complete works), (Beijing: Renmin wenxue chubanshe 1981, 16 vols..) Vol. 2 *Yecao* (Wildgrass), p. 207.

（一）
立　论

-鲁　迅-

我梦见自己正在小学校的讲堂上预备作文，向老师请教立论的方法。

"难!"老师从眼镜圈外斜射出眼光来，看着我，说。"我告诉你一件事——

"一家人家生了一个男孩，合家高兴透顶了。满月的时候，抱出来给客人看，——大概自然是想得一点好兆头。

一个说：'这孩子将来要发财的。'他于是得到一番感谢。

一个说：'这孩子将来要做官的。'他于是收回几句恭维。

一个说：'这孩子将来是要死的。'他于是得到一顿大家合力的痛打。

"说要死的必然，说富贵的说谎。但说谎的得好报，说必然的遭打。你...."

（一）
立　論
-魯　迅-

　　我夢見自己正在小學校的講堂上預備作文，向老師請教立論的方法。

　　"難!"老師從眼鏡圈外斜射出眼光來，看着我，説。"我告訴你一件事 ——

　　"一家人家生了一個男孩，闔家高興透頂了。滿月的時候，抱出來給客人看， —— 大概自然是想得一點好兆頭。

　　一個説：'這孩子將來要發財的。'他於是得到一番感謝。

　　一個説：'這孩子將來要做官的。'他於是收回幾句恭維。

　　一個説：'這孩子將來是要死的。'他於是得到一頓大家合力的痛打。

　　"説要死的必然，説富貴的説謊。但説謊的得好報，説必然的遭打。你...."

（一）立论

"我愿意既不谎人，也不遭打。那么，老师，我得怎么说呢?"

"那么，你得说：'啊呀! 这孩子啊! 您瞧! 多么……。啊哟! 哈哈! Hehe! he,hehehehe!'"

一九二五年七月八日

讨论问题:

1. 喜欢说假话是人类的通性还是中国人的特性?谈谈你自己的观察和经验。

2. "这个小孩将来是要死的"这确实是句老实话，但这样的说话态度是不是值得提倡的?为什么?

3. 说话有技巧和说谎有什么不同?说谎是不是也能算是一种技巧?

　　"我願意既不謊人，也不遭打。那麼，老師，我得怎麼說呢?"

　　"那麼，你得說：'啊呀! 這孩子啊! 您瞧! 多麼....。啊喲! 哈哈! Hehe! he,hehehehe!'"

一九二五年七月八日

討論問題:

1. 喜歡說假話是人類的通性還是中國人的特性? 談談你自己的觀察和經驗。

2. "這個小孩將來是要死的"這確實是句老實話，但這樣的說話態度是不是值得提倡的? 為什麼?

3. 說話有技巧和說謊有什麼不同? 說謊是不是也能算是一種技巧?

（二）

聪明人和傻子和奴才

-鲁 迅-

背景简介:

　　作者用〈聪明人和傻子和奴才〉这篇短文来说明这三种人对生活不同的态度。聪明人只会说些好听的话为自己打算，表面上同情奴才，实际上起不了任何作用; 傻子是革命家也是行动家，他是唯一能够改变现状的人; 奴才一方面不停地抱怨现状,另一方面却又畏首畏尾不敢对他的主子进行抗争，而革命者的事业也往往为奴才所败。鲁迅的言外之意是中国只有聪明人和奴才，而没有"傻子"，然而中国所需要的却正是"傻子"。

　　〈聪明人和傻子和奴才〉最初发表于1926年1月4日的《语丝》周刊第六十期，收入《鲁迅全集》,第二册《野草》，页216-218。

（二）

聰明人和傻子和奴才

-魯　迅-

"A Smart Person, a Fool, and a Slave" is a fictional story which describes the different attitudes these three types of people have towards life. The Smart Person knows only how to say nice things to benefit himself. On the surface, he is sympathetic towards the slaves. In reality, however, he does nothing to ease their plight. The fool is a revolutionary and an activist. He is the only one who is capable of changing the status quo. The Slave does nothing but complain incessantly about his lot in life; however, at the same time, he is too cowardly to rebel against his master. Meanwhile, the achievements of the revolutionaries are often ruined by the slaves. Lu Xun's message is that China only contains two groups of people, the Smart and the Slaves. There are no Fools. However, what China needs most are Fools.

"A Smart Person, a Fool, and a Slave" was first published January 4, 1926 in *Yusi Weekly* No. 60, included in *Lu Xun quanji* vol. 2. *Yecao*, pp. 216-218.

（二）

聪明人和傻子和奴才

-鲁 迅-

奴才总不过是寻人诉苦。只要这样，也只能这样。有一日，他遇到一个聪明人。

"先生！"他悲哀地说，眼泪连成一线，就从眼角上直流下来。"你知道的。我所过的简直不是人的生活。吃的是一天未必有一餐，这一餐又不过是高粱皮，连猪狗都不要吃的，尚且只有一小碗…。"

"这实在令人同情。"聪明人也惨然说。

"可不是么！"他高兴了。"可是做工是昼夜无休息的：清早担水晚烧饭，上午跑街夜磨面，晴洗衣裳雨张伞，冬烧汽炉夏打扇。半夜要煨银耳，侍候主人耍钱；头钱从来没份，有时还挨皮鞭…。"

"唉唉…。"聪明人叹息着，眼圈有些发红，似乎要下泪。

"先生！我这样是敷衍不下去的。我总得另外想法子。可是什么法子呢？…"

（二）

聰明人和傻子和奴才

-魯　迅-

奴才總不過是尋人訴苦。只要這樣，也只能這樣。有一日，他遇到一個聰明人。

"先生！"他悲哀地説，眼淚連成一線，就從眼角上直流下來。"你知道的。我所過的簡直不是人的生活。吃的是一天未必有一餐，這一餐又不過是高粱皮,連猪狗都不要吃的,尚且只有一小碗…。"

"這實在令人同情。"聰明人也慘然説。

"可不是麽!"他高興了。"可是做工是晝夜無休息的：清早擔水晚燒飯，上午跑街夜磨麵，晴洗衣裳雨張傘，冬燒汽爐夏打扇。半夜要煨銀耳，侍候主人耍錢;頭錢從來没份，有時還挨皮鞭…。"

"唉唉…。"聰明人嘆息着，眼圈有些發紅，似乎要下淚。

"先生! 我這樣是敷衍不下去的。我總得另外想法子。可是什麽法子呢?…"

（7.）

"我想，你总会好起来....。"

"是么？但愿如此。可是我对先生诉了冤苦，又得了你的同情和安慰，已经舒坦得不少了。可见天理没有灭绝....。"

但是，不几日，他又不平起来了，仍然寻人去诉苦。

"先生！"他流着眼泪说，"你知道的。我住得简直比猪窠还不如。主人并不将我当人；他对他的叭儿狗还要好几万倍....。"

"混帐！"那人大叫起来，使他吃惊了。那人是一个傻子。

"先生，我住的只是一间破小屋，又湿，又阴，满是臭虫，睡下去就咬得真可以。秽气冲着鼻子，四面又没有一个窗....。"

"你不会要你的主人开一个窗么？"

"这怎么行？...."

"那么，你带我去看去！"

傻子跟奴才到他屋外，动手就砸那泥墙。

"先生！你干什么？"他大惊地说。

12

"我想，你總會好起來...。"

"是麼?但願如此。可是我對先生訴了冤苦，又得了你的同情和安慰，已經舒坦得不少了。可見天理沒有滅絕...。"

但是，不幾日，他又不平起來了，仍然尋人去訴苦。

"先生!"他流着眼淚說，"你知道的。我住得簡直比猪窠還不如。主人並不將我當人;他對他的叭兒狗還要好幾萬倍...。"

"混帳!"那人大叫起來，使他吃驚了。那人是一個傻子。

"先生，我住的只是一間破小屋，又濕，又陰，滿是臭蟲，睡下去就咬得真可以。穢氣衝着鼻子，四面又沒有一個窗...。"

"你不會要你的主人開一個窗麼?"

"這怎麼行?...."

"那麼，你帶我去看去!"

傻子跟奴才到他屋外，動手就砸那泥牆。

"先生! 你幹什麼?"他大驚地說。

"我给你打开一个窗洞来！"

"这不行！主人要骂的！"

"管他呢！"他仍然砸。

"人来啊！强盗在毁咱们的屋子了！快来啊！迟一点可要打出窟窿来了！……"他哭嚷着，在地上团团地打滚。

一群奴才都出来了，将傻子赶走。

听到了喊声，慢慢地最后出来的是主人。

"有强盗要来毁咱们的屋子，我首先叫喊起来，大家一同把他赶走了。"他恭敬而得胜地说。

"你不错。"主人这夸奖他。

这一天就来了许多慰问的人，聪明人也在内。

"先生，这回因为我有功，主人夸奖我了。你先前说我总会好起来，实在是有先见之明……。"他大有希望似的高兴地说。

"可不是么……。"聪明人也代为高兴似的回答他。

一九二五年十二月二十六日。

"我給你打開一個窗洞來!"

"這不行! 主人要罵的!"

"管他呢! "他仍然砸。

"人來啊! 强盜在毀咱們的屋子了! 快來啊! 遲一點可要打出窟窿來了!…."他哭嚷着,在地上團團地打滾。

一群奴才都出來了,將傻子趕走。

聽到了喊聲,慢慢地最後出來的是主人。

"有强盜要來毀咱們的屋子,我首先叫喊起來,大家一同把他趕走了。"他恭敬而得勝地説。

"你不錯。"主人這樣誇獎他。

這一天就來了許多慰問的人,聰明人也在內。

"先生,這回因爲我有功,主人誇獎我了。你先前説我總會好起來,實在是有先見之明…."他大有希望似的高興地説。

"可不是麽…."聰明人也代爲高興似的回答他。

一九二五年十二月二十六日。

15

（二）聪明人和傻子和奴才

1.本篇最初发表于一九二六年一月四日语丝周刊第六十期。

2.头钱　旧社会里提供赌博场所的人向参与赌博者抽取一定数额的钱，叫做头钱，也称"抽头"。侍候赌博的人，有时也可以从中分得若干。

讨论问题：

1.就你日常生活的经验，举例说明聪明人、傻子和奴才这三种人。

2.怎么样的人才配作"傻子"，在中国你见到过傻子吗？

3.为什么"傻子"在中国特别少？在什么样的社会中才会有"傻子"？

1.本篇最初發表於一九二六年一月四日語絲周刊第六十期。

2.頭錢　舊社會裏提供賭博場所的人向參與賭博者抽取一定數額的

錢，叫做頭錢，也稱"抽頭"。侍候賭博的人，有時也可以從中分

得若干。

討論問題:

　　1.就你日常生活的經驗，舉例説明聰明人、傻子和奴

　　　才這三種人。

　　2.怎麼樣的人才配作"傻子"，在中國你見到過傻子

　　　嗎?

　　3.爲什麼"傻子"在中國特別少?在什麼樣的社會中

　　　才會有"傻子"?

（三）

中国人，你为什么不生气?

-龙应台-

背景简介:

龙应台，当代台湾知名女评论家。1952年出生在台湾高雄县。1975年来美国留学，读英美文学。1982年获堪萨斯州立大学英国文学博士。曾在纽约市立大学短期任教。

自从七十年代以来，台湾在经济方面的发展是极为成功的，但随着经济发展而来的是环境和生态上的破坏。而台湾政府和人民多年来对这个严重的问题始终迴避，任其恶化。使整个岛上的环境成了生活和健康最大的威胁。〈中国人，你为什么不生气?〉代表的是一个现代台湾知识分子为保护环境而提出的呼吁和警告。

〈中国人，你为什么不生气?〉原刊于1984年11月24日台北《中国时报》，收入龙应台《野火集》（台北: 圆神出版社，1985）页1-6。

（三）

中國人，你爲什麼不生氣?

-龍應台-

Long Yingtai, a modern female critic, was born in 1952 in Gaoxiong, Taiwan. She came to the United States in 1975 to study English literature. She received her PhD in English Literature in 1982 from Kansas State University and later served as an assistant professor at the City University of New York for a short while.

Since the 1970's, Taiwan's economic development has been very successful. Along with economic development came damage to Taiwan's ecological environment. The government and the people, however, have ignored this problem, allowing it to deteriorate. The environment of the island has become its greatest threat to life and health. "Chinese People, Why Are You Not Angry?" represents the warning that many of Taiwan's intellectuals are now voicing concerning the island's environment.

"Chinese People, Why Are You Not Angry?" was first published on November 24, 1984 in Taibei's *Zhongguo shibao* (China Times), later included in Long Yingtai's *Yehuoji.* (Wildfire) (Taibei: Yuanshen chubanshe, 1985) pp. 1-6.

19

（三）

中国人,你为什么不生气

-龙应台-

在昨晚的电视新闻中,有人微笑着说:"你把检验不合格的厂商都揭露了,叫这些生意人怎么吃饭?"

我觉得恶心,觉得愤怒。但我生气的对象倒不是这位女士,而是台湾一千八百万懦弱自私的中国人。

我所不能了解的是: 中国人,你为什么不生气?

包德甫的《苦海余生》英文原本中有一段他在台湾的经验: 他看见一辆车子把小孩撞伤了,一脸的血。过路的人很多,却没有一个人停下来帮助受伤的小孩,或谴责肇事的人。我在美国读到这一段,曾经很肯定的跟朋友说: 不可能! 中国人以人情味自诩,这种情况简直不可能!

回国一年了,我睁大眼睛,发觉包德甫所描述的不只可能,根本就是每天发生、随地可见的生活常态。在台湾,最容易生存的不是蟑螂,而是"坏人",因为中国人怕事、自私,只要不杀到他床上去,他宁可闭着眼假寐。

我看见摊贩占据着你家的骑楼,在那儿烧火洗锅,使

（三）

中國人,你爲什麽不生氣

-龍應台-

在昨晚的電視新聞中,有人微笑着説:"你把檢驗不合格的廠商都揭露了,叫這些生意人怎麽吃飯?"

我覺得惡心,覺得憤怒。但我生氣的對象倒不是這位女士,而是台灣一千八百萬懦弱自私的中國人。

我所不能了解的是: 中國人,你爲什麽不生氣?

包德甫的《苦海餘生》英文原本中有一段他在台灣的經驗: 他看見一輛車子把小孩撞傷了,一臉的血。過路的人很多,却没有一個人停下來幫助受傷的小孩,或譴責肇事的人。我在美國讀到這一段,曾經很肯定的跟朋友説: 不可能! 中國人以人情味自詡,這種情況簡直不可能!

回國一年了,我睜大眼睛,發覺包德甫所描述的不只可能,根本就是每天發生、隨地可見的生活常態。在台灣,最容易生存的不是蟑螂,而是"壞人",因爲中國人怕事、自私,只要不殺到他床上去,他寧可閉着眼假寐。

我看見攤販占據着你家的騎樓,在那兒燒火洗鍋,使

21

走廊垢上一层厚厚的油污，腐臭的菜叶塞在墙脚。半夜里，吃客喝酒猜拳作乐，吵得鸡犬不宁。

你为什么不生气？你为什么不跟他说"滚蛋"？

哎呀！不敢呀！这些摊贩都是流氓，会动刀子的。

那么为什么不找警察呢？

警察跟摊贩相熟，报了也没有用；到时候若曝了光，那才真惹祸上门呢。

所以呢？

所以忍呀！反正中国人讲忍耐！你耸耸肩、摇摇头！

在一个法治上轨道的国家里，人是有权利生气的。受折磨的你首先应该双手叉腰，很愤怒地对摊贩说："请你滚蛋！"他们不走，就请警察来。若发觉警察与小贩有勾结，那更严重。这一团怒火应该往上烧，烧到警察肃清纪律为止，烧到摊贩离开你家为止。可是你什么都不做；畏缩地把门窗关上，耸耸肩、摇摇头！

我看见成百的人到淡水河畔去欣赏落日，去钓鱼。我也看见淡水河畔的住家整笼整笼地把恶臭的垃圾往河里倒；厕所的排泄管直接通到河底。河水一涨，污秽气直逼到呼吸里来。

走廊垢上一層厚厚的油污,腐臭的菜葉塞在牆脚。半夜裏,吃客喝酒猜拳作樂,吵得鷄犬不寧。

你爲什麼不生氣? 你爲什麼不跟他說“滾蛋”?

哎呀! 不敢呀! 這些攤販都是流氓,會動刀子的。

那麼爲什麼不找警察呢?

警察跟攤販相熟,報了也沒有用;到時候若曝了光,那才真惹禍上門呢。

所以呢?

所以忍呀! 反正中國人講忍耐! 你聳聳肩、搖搖頭!

在一個法治上軌道的國家裏,人是有權利生氣的。受折磨的你首先應該雙手叉腰,很憤怒地對攤販說:“請你滾蛋!”他們不走,就請警察來。若發覺警察與小販有勾結，那更嚴重。這一團怒火應該往上燒,燒到警察肅清紀律爲止,燒到攤販離開你家爲止。可是你什麼都不做;畏縮地把門窗關上,聳聳肩、搖搖頭!

我看見成百的人到淡水河畔去欣賞落日,去釣魚。我也看見淡水河畔的住家整籠整籠地把惡臭的垃圾往河裏倒;厠所的排泄管直接通到河底。河水一漲,污穢氣直逼到呼吸裏來。

爱河的人,你又为什么不生气?

你为什么没有勇气对那个丢汽水瓶的少年郎大声说:"你敢丢,我就把你也丢进去?"你静静地坐在那儿钓鱼(那已经布满癌细胞的鱼),想着今晚的鱼汤,假装没看见那个几百年都化解不了的汽水瓶。你为什么不丢掉鱼竿,站起来,告诉他你很生气?

我看见计程车穿来插去,最后停在右转线上,却没有右转的意思。一整列想右转的车子就停滞下来,造成大阻塞。你坐在方向盘前,叹口气,觉得无奈。

你为什么不生气?

哦! 跟计程车司机可理论不得! 报上说,司机都带着扁钻的。

问题不在于他带不带扁钻。问题在于你们这些个受他阻碍的人没有种推开车门,很果断地让他知道你们不齿他的行为,你们很愤怒!

经过郊区,我闻到刺鼻的化学品燃烧的味道。走近海滩,看见工厂的废料大股大股地流进海里,把海水染成一种奇异的颜色。湾里的小商人焚烧电缆,使湾里生出许多缺少脑子的婴儿。我们的下一代眼睛明亮、嗓音稚嫩、愛河的人,你又爲什麽不生氣?

你爲什麽没有勇氣對那個丟汽水瓶的少年郎大聲説: "你敢丟,我就把你也丟進去?"你静静地坐在那兒釣魚(那已經布滿癌細胞的魚),想着今晚的魚湯,假裝没看見那個幾百年都化解不了的汽水瓶。你爲什麽不丟掉魚竿,站起來,告訴他你很生氣?

我看見計程車穿來插去,最後停在右轉線上,却没有右轉的意思。一整列想右轉的車子就停滯下來,造成大阻塞。你坐在方向盤前,嘆口氣,覺得無奈。

你爲什麽不生氣?

哦! 跟計程車司機可理論不得! 報上説,司機都帶着扁鑽的。

問題不在於他帶不帶扁鑽。問題在於你們這些個受他阻礙的人没有種推開車門,很果斷地讓他知道你們不齒他的行爲,你們很憤怒!

經過郊區,我聞到刺鼻的化學品燃燒的味道。走近海灘,看見工廠的廢料大股大股地流進海裏,把海水染成一種奇異的顏色。灣裏的小商人焚燒電纜,使灣裏生出許多缺少腦子的嬰兒。我們的下一代眼睛明亮、嗓音稚嫩、脸颊透红的下一代,将在化学废料中学游泳,他们的血管里将流着我们连名字都说不出来的毒素—

你又为什么不生气呢?难道一定要等到你自己的手臂也温柔地捧着一个无脑婴儿,你再无言地对天哭泣?

西方人来台湾观光,他们的旅行社频频叮咛:绝对不能吃摊子上的东西,最好也少上餐厅;饮料最好喝瓶装的,但台湾本地出产的也别喝,他们的饮料不保险……

这是美丽宝岛的名誉,但是名誉还真是其次。最重要的是我们自己的健康、我们下一代的健康。一百位交大的学生食物中毒 —— 这真的只是一场笑话吗?中国人的命这么不值钱吗?好不容易总算有几个人生起气来,组织了一个消费者团体。现在却又有了「占着茅坑不拉屎」的卫生署、为不知道什么人作说客的立法委员要扼杀这个还没做几桩事的组织。

你怎么能够不生气呢?你怎么还有良心躲在角落里做「沉默的大多数」?你以为你是好人,但是就因为你不生气、你忍耐、你退让,所以摊贩把你家搞得像个破落大杂院,所以台北的交通一团乌烟瘴气,所以淡水河是条烂肠子;就因为你不讲话、不骂人、不表示意见,所以你疼臉頰透紅的下一代,將在化學廢料中學游泳,他們的血管裏將流着我們連名字都説不出來的毒素。

你又爲什麼不生氣呢?難道一定要等到你自己的手臂也温柔地捧着一個無腦嬰兒,你再無言地對天哭泣?

西方人來台灣觀光,他們的旅行社頻頻叮嚀:絕對不能吃攤子上的東西,最好也少上餐廳;飲料最好喝瓶裝的,但台灣本地出産的也別喝,他們的飲料不保險……

這是美麗寶島的名譽,但是名譽還真是其次。最重要的是我們自己的健康、我們下一代的健康。一百位交大的學生食物中毒 ── 這真的只是一場笑話嗎?中國人的命這麼不值錢嗎?好不容易總算有幾個人生起氣來,組織了一個消費者團體。現在却又有了「占着茅坑不拉屎」的衛生署、爲不知道什麼人作説客的立法委員要扼殺這個還没做幾椿事的組織。

你怎麼能够不生氣呢?你怎麼還有良心躲在角落裏做「沉默的大多數」?你以爲你是好人,但是就因爲你不生氣、你忍耐、你退讓,所以攤販把你家搞得像個破落大雜院,所以台北的交通一團烏烟瘴氣,所以淡水河是條爛腸子;就因爲你不講話、不駡人、不表示意見,所以你疼

27

爱的娃娃每天吃着、喝着、呼吸着化学毒素，你还在梦想他大学毕业的那一天! 你忘了，几年前在南部有许多孕妇，怀胎九月中，她们也闭着眼睛梦想孩子长大那一天，却没想到吃了滴滴纯净的沙拉油，孩子生下来是瞎的、黑的!

不要以为你是大学教授，所以作研究比较重要; 不要以为你是杀猪的，所以没有人会听你的话; 也不要以为你是个学生，不够资格管社会的事。你今天不生气，不站出来说话，明天你，还有我、还有你我的下一代，就会成为沉默的牺牲者、受害人! 如果你有种、有良心，你现在就去告诉你的公仆立法委员、告诉卫生署、告诉环保局: 你受够了，你很生气! 你一定要很大声地说。

讨论问题:

1. 这篇文章的作者说中国人不生气会忍耐，你觉得这是一种美德（virtue）还是一个弱点?

2. 中国人生气了，台湾的环境污染问题就能得到解决了吗? 解决环境污染是一个科学和技术的问题，还是一个"生气不生气"的问题? 谈谈中国或台湾的环境污染。

3. 中国人为什么怕事? 这是个法律问题还是个"民族性"问题?

愛的娃娃每天吃着、喝着、呼吸着化學毒素,你還在夢想
他大學畢業的那一天! 你忘了,幾年前在南部有許多孕婦,
懷胎九月中,她們也閉着眼睛夢想孩子長大那一天,却没
想到吃了滴滴純淨的沙拉油,孩子生下來是瞎的、黑的!

　　不要以爲你是大學教授,所以作研究比較重要;不要
以爲你是殺猪的,所以没有人會聽你的話;也不要以爲你
是個學生,不够資格管社會的事。你今天不生氣,不站出
來説話,明天你，還有我、還有你我的下一代,就會成爲
沉默的犧牲者、受害人! 如果你有種、有良心,你現在就
去告訴你的公僕立法委員、告訴衛生署、告訴環保局:
你受够了,你很生氣! 你一定要很大聲地説。

討論問題:

1. 這篇文章的作者説中國人不生氣會忍耐，你覺得這是一種美
　德（virtue）還是一個弱點?

2. 中國人生氣了,台灣的環境污染問題就能得到解决了嗎?解决
　環境污染是一個科學和技術的問題，還是一個"生氣不生氣"
　的問題?談談中國或台灣的環境污染。

3. 中國人爲什麼怕事?這是個法律問題還是個"民族性"問題?

（四）
风　筝
-鲁　迅-

背景简介:

〈风筝〉中的"我"是不是作者自己，我们不得而知。但我们相信这是一篇带有自述性的回忆文字。讲作者和他弟弟童年时期的一件小事。从这件小事中，我们可以看到中国文化中对待孩子残酷的一面。文中的哥哥在折断弟弟风筝竹骨的那一刻，不但认为自己所做是完全正确的，并且还是为了弟弟来日的幸福才这样"教训"他的。这种自认为正确的态度正是中国文化中对待孩子最残酷的一点。在传统的中国教育方式看来，孩子们的快乐都带着一定的"放纵"甚至于"罪恶"的倾向。因此追求快乐是要不得的。

弟弟对于童年旧事的完全忘却是对哥哥最后也是最重的惩罚。

〈风筝〉最初发表于1925年2月2日《语丝》周刊，第十二期，收入《鲁迅全集》（北京: 人民文学出版社,1981，共十六册）册二，《野草》，页182-184。

（四）

風　箏

-魯　迅-

We do not know if the "me" in "The Kite" is the author himself. We believe, however, that this story narrates one of the author's childhood memories of a small incident that took place between himself and his younger brother.

From this story, we can see one of the cruel aspects of child rearing in Chinese society. At the moment where the elder brother destroys the kite frame he feels that he is completely justified because it is for his younger brother's education and benefit that he has done this. This sense of self-righteousness is the core of this tragedy.

From a traditional Chinese perspective, a child's joy inevitably brings with it a sense of evil and indulgence. The fact that the younger brother had no recollection of the incident was the most severe and final punishment he could have meted out to his older brother.

"The Kite" was written in 1925, and first published on February 2, 1925 in *Yusi Weekly* , No. 12. It was later included in *Lu Xun quanji* (Lu Xun's complete works), (Beijing: Renmin wenxue chubanshe 1981, 16 Vols.) vol. 2, *Yecao* (Wildgrass), pp. 182-184.

（四）

风　筝

-鲁　迅-

　　北平的冬季，地上还有积雪，灰黑色的秃树枝丫叉于晴朗的天空中，而远处有一二风筝浮动，在我是一种惊异和悲哀。

　　故乡的风筝时节，是春二月，倘听到沙沙的风轮声，仰头便能看见一个淡墨色的蟹风筝或嫩蓝色的蜈蚣风筝。还有寂寞的瓦片风筝，没有风轮，又放得很低，伶仃地显出憔悴可怜模样。但此时地上的杨柳已经发芽，早的山桃也多吐蕾，和孩子们的天上的点缀相照应，打成一片春日的温和。我现在在哪里呢?四面都还是严冬的肃杀，而久经诀别的故乡的久经逝去的春天，却就在这天空中荡漾了。

　　但我是向来不爱放风筝的，不但不爱，并且嫌恶他，因为我以为这是没出息孩子所做的玩艺儿。和我相反的是我的小兄弟，他那时大概十岁内外吧，多病，瘦得不堪;然而最喜欢风筝，自己买不起，我又不许放，他只

（四）
風　筝

-魯　迅-

　　北平的冬季，地上還有積雪，灰黑色的禿樹枝椏叉
於晴朗的天空中，而遠處有一二風筝浮動，在我是一種
驚異和悲哀。

　　故鄉的風筝時節，是春二月，倘聽到沙沙的風輪聲，
仰頭便能看見一個淡墨色的蟹風筝或嫩藍色的蜈蚣風筝。
還有寂寞的瓦片風筝，沒有風輪，又放得很低，伶仃地
顯出憔悴可憐模樣。但此時地上的楊柳已經發芽，早的
山桃也多吐蕾，和孩子們的天上的點綴相照應，打成一
片春日的溫和。我現在在哪裏呢?四面都還是嚴冬的蕭
殺，而久經訣別的故鄉的久經逝去的春天，却就在這天
空中蕩漾了。

　　但我是向來不愛放風筝的，不但不愛，並且嫌惡他，
因爲我以爲這是没出息孩子所做的玩藝儿。和我相反的
是我的小兄弟，他那時大概十歲内外吧，多病，瘦得不
堪;然而最喜歡風筝，自己買不起，我又不許放，他只

33

（四）风筝

得张着小嘴，呆看着空中出神，有时至于小半日。远处的蟹风筝突然落下来了，他惊呼；两个瓦片风筝的缠绕解开了，他高兴得跳跃。他的这些，在我看来，都是笑柄，可鄙的。

有一天，我忽然想起，似乎多日不很看见他了，但记得曾见他在后园拾枯竹。我恍然大悟似的，便跑向少有人去的一间堆积杂物的小屋去，推开门，果然就在尘封的什物堆中发现了他。他向着大方凳，坐在小凳上，便很惊惶的站了起来，失了色，瑟缩着。大方凳旁靠着一个蝴蝶风筝的竹骨，还没有糊上纸，凳上是一对做眼睛用的小风轮，正用红纸条装饰着，将要完工了。我在破获秘密的满足中，又很愤怒他的瞒了我的眼睛，这样苦心孤诣地来偷做没出息孩子的玩艺儿。我即刻伸手折断了蝴蝶的一支翅骨，又将风轮掷在地下，踏扁了。论长幼，论力气，他是都敌不过我的，我当然得到完全的胜利，于是傲然走出，留他绝望地站在小屋里。后来他怎样，我不知道，也没有留心。

然而我的惩罚终于轮到了，在我们离别得很久之后，我已经是中年。我不幸偶而看了一本外国的讲论儿童的得張着小嘴，呆看着空中出神，有時至於小半日。遠處的蟹風箏突然落下來了，他驚呼；兩個瓦片風箏的纏繞解開了，他高興得跳躍。他的這些，在我看來，都是笑柄，可鄙的。

有一天，我忽然想起，似乎多日不很看見他了，但記得曾見他在後園拾枯竹。我恍然大悟似的，便跑向少有人去的一間堆積雜物的小屋去，推開門，果然就在塵封的什物堆中發現了他。他向着大方凳，坐在小凳上，便很驚惶的站了起來，失了色，瑟縮着。大方凳旁靠着一個蝴蝶風箏的竹骨，還沒有糊上紙，凳上是一對做眼睛用的小風輪，正用紅紙條裝飾着，將要完工了。我在破獲秘密的滿足中，又很憤怒他的瞞了我的眼睛，這樣苦心孤詣地來偷做沒出息孩子的玩藝儿。我即刻伸手折斷了蝴蝶的一支翅骨，又將風輪擲在地下，踏扁了。論長幼，論力氣，他是都敵不過我的，我當然得到完全的勝利，於是傲然走出，留他絕望地站在小屋裏。後來他怎樣，我不知道，也沒有留心。

然而我的懲罰終於輪到了，在我們離別得很久之後，我已經是中年。我不幸偶而看了一本外國的講論兒童的书，才知道游戏是儿童最正当的行为，玩具是儿童的天使。于是二十年来毫不忆及的幼小时候对于精神的虐杀的这一幕，忽地在眼前展开，而我的心也仿佛同时变了铅块，很重很重地堕下去了。

但心又不竟堕下去而至于断绝，只是很重很重地堕着，堕着。

我也知道补过的方法的：送他风筝，赞成他放，劝他放，我和他一同放；我们嚷着，跑着，笑着。然而他其时已经和我一样，早已有了胡子了。

我也知道还有一个补过的方法的：去讨他的宽恕，等他说，"我可是毫不怪你啊。"那么，我的心一定就轻松了。这确是一个可行的方法。有一回，我们会面的时候，是脸上都已添刻了许多"生"的辛苦的条纹。而我的心很沉重。我们渐渐谈起儿时的旧事来，我便叙述到这一节，自说少年时代的糊涂。"我可是毫不怪你啊，"我想，他要说了，我即刻便受了宽恕，我的心从此也宽松了吧。

"有过这样的事吗？"他惊异地笑着说，就像旁听着别人的故事一样。他什么也记不得了。

書，才知道游戲是兒童最正當的行爲，玩具是兒童的天使。於是二十年來毫不憶及的幼小時候對於精神的虐殺的這一幕，忽地在眼前展開，而我的心也仿佛同時變了鉛塊，很重很重地墮下去了。

但心又不竟墮下去而至於斷絕，只是很重很重地墮着，墮着。

我也知道補過的方法的: 送他風箏，贊成他放，勸他放，我和他一同放; 我們嚷着，跑着，笑着。然而他其時已經和我一樣，早已有了鬍子了。

我也知道還有一個補過的方法的: 去討他的寬恕，等他説，"我可是毫不怪你啊。"那麽，我的心一定就輕鬆了。這確是一個可行的方法。有一回，我們會面的時候，是臉上都已添刻了許多"生"的辛苦的條紋。而我的心很沉重。我們漸漸談起兒時的舊事來，我便叙述到這一節，自説少年時代的糊塗。"我可是毫不怪你啊，"我想，他要説了，我即刻便受了寬恕，我的心從此也寬鬆了吧。

"有過這樣的事嗎?"他驚異地笑着説，就像旁聽着別人的故事一樣。他什麽也記不得了。

全然忘却，毫无怨恨，又有什么宽恕之可言呢?无怨的恕，说谎罢了。

我还能希求什么呢?我的心只得沉重着。

现在，故乡的春天又在这异地的空中了，既给我久经逝去的儿时的回忆，而一并又带着无可把握的悲哀。我倒不如躲到肃杀的严冬中去吧，—— 但是，四面又明明是严冬，正给我非常的寒威和冷气。

讨论问题：

1. 作者写这篇文章的动机是忏悔同时也是诅咒。忏悔的是什么?诅咒的是什么?

2. 故事中兄弟之间是一种什么样的关系?这种兄弟关系在美国家庭里普遍吗?

3. 故事中的弟弟当然值得同情，然而哥哥是不是也有值得同情的地方呢?

4. 人世间有没有"毫无怨恨"的宽恕?

全然忘却，毫無怨恨，又有什麼寬恕之可言呢？無怨的恕，說謊罷了。

我還能希求什麼呢？我的心只得沉重着。

現在，故鄉的春天又在這異地的空中了，既給我久經逝去的兒時的回憶，而一併又帶着無可把握的悲哀。我倒不如躲到肅殺的嚴冬中去吧，—— 但是，四面又明明是嚴冬，正給我非常的寒威和冷氣。

討論問題：

1. 作者寫這篇文章的動機是懺悔同時也是詛咒。懺悔的是什麼？詛咒的是什麼？

2. 故事中兄弟之間是一種什麼樣的關係？這種兄弟關係在美國家庭裏普遍嗎？

3. 故事中的弟弟當然值得同情，然而哥哥是不是也有值得同情的地方呢？

4. 人世間有沒有"毫無怨恨"的寬恕？

（五）

第二的母亲

-巴 金-

背景简介:

　　巴金（1904-　），本名李芾甘，是中国近代文学史上一个最多产也最具影响的小说作家与文学评论家。1904年出生在四川成都一个极富裕的官宦家庭中。他的小说大多以反映社会、批判传统为主题，鼓舞人们为自己的理想和信念与旧势力作斗争。他的许多作品在表面上看起来像是为社会主义宣传，而骨子里却是充满浪漫主义和个人主义色彩的爱情故事，因此文化大革命期间曾遭受到极残酷的迫害。

　　〈第二的母亲〉是巴金自传性的短篇小说，叙述他童年时代的经验，也是中国近代文学史上少数描写男人同性恋的作品。这篇小说反映了中国男子同性恋的关系和"戏子"生活的另一面。

　　同性恋至今在中国还是个不能公开谈论的问题，但是不谈论并不表示不存在。我们觉得同性恋是个严肃而值得探讨的问题，所以我们选录了这篇小说。

　　〈第二的母亲〉写于1932年，收入巴金《抹布集》。本篇选自《巴金短篇小说集》（香港: 今代图书公司,1966，共四册）册三，页17-36。

（五）

第二的母親

-巴 金-

Ba Jin (1904-), original name Li Feigan, is the most prolific and popular novelist in the history of modern Chinese literature. He was born in 1904 in Chengdu, Sichuan, in an extremely wealthy official's household. His most famous novel, *Jia* (Family), is to a certain extent his own story. His stories are both a reflection of society and criticism of Chinese tradition. He was one of the leading writers of the 1930's, using his works to encourage people to fight the established traditions for their personal ideals and hopes. Many of his works were disguised as socialist propaganda, but in essence were love stories full of romanticism and individualism. This was one of the reasons he was cruelly persecuted during the Cultural Revolution.

"My Second Mother" is Ba Jin's autobiographical account that depicts many of his childhood experiences. This is also one of the few works of modern Chinese literature that discusses male homosexuality. This piece discusses relationships between Chinese male homosexuals, and shows the private lives of Chinese opera singers.

To this day, homosexuality is not an openly discussed issue in China. Just because it is not discussed does not mean that it does not exist. We feel that homosexuality is a serious topic worthy of discussion, so we chose this short story.

"My Second Mother" was written in 1932, selected from *Mobuji*. The original story was taken from Ba Jin *Duanpian xiaoshuoji*. (Hong Kong: Jindai tushu gongsi, 1966, 4 vols.) vol. 3, pp. 17-36.

（五）

第二的母亲

-巴 金-

人家都叫我作孤儿。

我的父母很早就死了，我甚至不曾认清他们的面貌。我是跟着叔父长大的，叔父没有小孩，就把我当做他的儿子。

婶母在两年前去世。叔父常常不在家，只有一个小厮和一个老妈子照料我；还有一个中年仆人，时常跟着叔父在外面跑。家里地方宽大，有一个小小的花园，我整天到处玩，可是找不到一个小伴侣。小厮和老妈子的世界跟我这个孩子的世界究竟不同。我虽然还是一个小孩子，有时候我也会感觉到寂寞。

叔父是个温和的人，和他在一起我倒觉得很舒服。他一天究竟做些什么事情呢？他究竟到什么地方去呢？别人不告诉我。后来我知道他爱看戏，而且他也带我去过一家戏园。

"少爷，你有了新婶婶了！"有一天那个仆人

（五）

第二的母親

-巴 金-

人家都叫我作孤兒。

我的父母很早就死了，我甚至不曾認清他們的面貌。我是跟着叔父長大的，叔父沒有小孩，就把我當做他的兒子。

嬸母在兩年前去世。叔父常常不在家，只有一個小厮和一個老媽子照料我; 還有一個中年僕人，時常跟着叔父在外面跑。家裏地方寬大，有一個小小的花園，我整天到處玩,可是找不到一個小伴侶。小厮和老媽子的世界跟我這個孩子的世界究竟不同。我雖然還是一個小孩子,有時候我也會感覺到寂寞。

叔父是個溫和的人，和他在一起我倒覺得很舒服。他一天究竟做些什麽事情呢? 他究竟到什麽地方去呢? 別人不告訴我。後來我知道他愛看戲，而且他也帶我去過一家戲園。

"少爺，你有了新嬸嬸了!"有一天那個僕人忽然开玩笑地对我说，他做了一个鬼脸。

"我婶婶已经死了，哪里还有新婶婶呢？你骗我！"我不高兴地回答道。我婶母是一个毫不亲切的妇人，我虽然被她抚养过，但我从她那里并不曾得着什么温暖，我常常觉得她很可怕。我的生活虽然是这样寂寞，但是我也不愿意再有一个这样的婶母到我们家来。

小厮的年纪比我大，他知道的事情也比我多；但是他似乎并不聪明，因为他跟我说过许多话，对我说过许多故事，题目却只有一个，就是"母亲"，他叫她作"亲妈"。他的故事总是以母亲作中心。

他很贫穷，他的母亲也很贫穷，所以他不得不到我家来作小厮，他的母亲也不得不到别人家去作老妈子。她是一个中年寡妇，面孔比他的还瘦，衣服比他的更坏。她一个月照例要来看这儿子两次，把他叫到僻静的地方去，对他说一些话。起先抚着他笑，后来抱着他哭。他们常常是这样的。

不管怎样，和母亲见面就是这个儿子最大的快乐。这种快乐使他忘了痛苦，他常得意地对我说：

忽然開玩笑地對我説，他做了一個鬼臉。

"我嬭嬭已經死了，哪裏還有新嬭嬭呢? 你騙我!" 我不高興地回答道。我嬭母是一個毫不親切的婦人，我雖然被她撫養過，但我從她那裏並不曾得着什麽温暖，我常常覺得她很可怕。我的生活雖然是這樣寂寞，但是我也不願意再有一個這樣的嬭母到我們家來。

小厮的年紀比我大，他知道的事情也比我多; 但是他似乎並不聰明，因爲他跟我説過許多話，對我説過許多故事，題目却只有一個，就是"母親"，他叫她作"親媽"。他的故事總是以母親作中心。

他很貧窮，他的母親也很貧窮，所以他不得不到我家來作小厮，他的母親也不得不到別人家去作老媽子。她是一個中年寡婦，面孔比他的還瘦，衣服比他的更壞。她一個月照例要來看這兒子兩次，把他叫到僻靜的地方去，對他説一些話。起先撫着他笑，後來抱着他哭。他們常常是這樣的。

不管怎樣，和母親見面就是這個兒子最大的快樂。這種快樂使他忘了痛苦，他常得意地對我説:

"我亲妈明天要来了！"

起初我对于他这句话并不觉得有什么奇怪，但是后来我却羡慕起他来了。因为他有一个叫做"亲妈"的女人，而我却没有。特别是在我听见他夸耀似的说起他母亲的种种好处，又亲眼看见那个母亲怎样爱抚这儿子的情形以后，我就觉得没有母亲是怎样可悲的事情了。

有时候他的母亲给他带了一件新衣服或者吃的东西来，他总要得意地向我夸示，或者穿起衣服给我看，说是他母亲亲手缝的，或者把吃的东西分些给我吃。我常常骄傲地回答他说：我有更漂亮的新衣服和更好吃的东西。但是在心里我却很妒忌他，我觉得我也需要一个这样的母亲。然而妒忌也没有用，我不能从空虚里制造出一个母亲来。但是出乎我意料之外，有一天果然从空虚里给我生出了一个母亲来。这母亲是和别人的母亲不同的。但她却也给我的幼年的单调生活添了一些趣味的点缀，而且使我过了一些温暖的日子…

有一天叔父带我到一家戏园去看戏，我很快活

"我親媽明天要來了!"

起初我對於他這句話並不覺得有什麼奇怪，但是後來我却羨慕起他來了。因爲他有一個叫做"親媽"的女人，而我却没有。特別是在我聽見他誇耀似的説起他母親的種種好處，又親眼看見那個母親怎樣愛撫這兒子的情形以後，我就覺得没有母親是怎樣可悲的事情了。

有時候他的母親給他帶了一件新衣服或者吃的東西來，他總要得意地向我誇示，或者穿起衣服給我看，説是他母親親手縫的，或者把吃的東西分些給我吃。我常常驕傲地回答他説：我有更漂亮的新衣服和更好吃的東西。但是在心裏我却很妒忌他，我覺得我也需要一個這樣的母親。然而妒忌也没有用，我不能從空虛裏製造出一個母親來。但是出乎我意料之外，有一天果然從空虛裏給我生出了一個母親來。這母親是和別人的母親不同的。但她却也給我的幼年的單調生活添了一些趣味的點綴，而且使我過了一些温暖的日子...

有一天叔父帶我到一家戲園去看戲，我很快活

47

地跟着他去了。我们进了包厢,那里面没有别的人，我们坐下来。台上正演着武戏，许多人光着身子在翻筋斗。我便伏在栏杆上注意地看着。

我看得正高兴，忽然听见耳边一个人低声说："这就是你的孩子吗?"这声音是那么柔软，就像一个女人的声音。

这里怎么会有一个女人呢?我倒有些奇怪了。我惊讶地掉过头看。我后面正坐着一个三十多岁的女人。她微笑地看着我，一面和叔父谈话。

我呆呆地望着她：瓜子脸，两根细眉毛，红红的小嘴，粉红色的两颊。

她看见我现出了呆相，就笑了，她两边脸颊上现出了两个酒窝。

我被她笑得有些不好意思，同时又觉得奇怪，就拉着叔父的衣角在他耳边小声问道："她是谁?是你的什么人?"

叔父笑起来，不回答我，却告诉了那女人。她也笑了，对我说："你小小年纪,倒很聪明! 你来，我自己慢慢儿告诉你。"

地跟着他去了。我們進了包厢,那裏面沒有別的人，我們坐下來。台上正演着武戲，許多人光着身子在翻筋斗。我便伏在欄杆上注意地看着。

我看得正高興，忽然聽見耳邊一個人低聲說："這就是你的孩子嗎?"這聲音是那麽柔軟，就像一個女人的聲音。

這裏怎麽會有一個女人呢?我倒有些奇怪了。我驚訝地掉過頭看。我後面正坐着一個三十多歲的女人。她微笑地看着我，一面和叔父談話。

我呆呆地望着她：瓜子臉，兩根細眉毛，紅紅的小嘴，粉紅色的兩頰。

她看見我現出了呆相，就笑了，她兩邊臉頰上現出了兩個酒窩。

我被她笑得有些不好意思，同時又覺得奇怪，就拉着叔父的衣角在他耳邊小聲問道："她是誰?是你的什麽人?"

叔父笑起來，不回答我，却告訴了那女人。她也笑了，對我說："你小小年紀,倒很聰明! 你來，我自己慢慢兒告訴你。"

叔父把我送到她身边。她就把头埋下来，用她柔软的手抚摸我的脸，然后把我抱起，坐在她的膝上。她不时抚摸我的头发，给我详细解说台上演的什么戏和戏里的种种情节。她知道得那么清楚，使我看戏看得特别有兴味。我觉得我开始喜欢她了。

戏演完了。我们都站起来，预备走了。忽然那女人俯下头来，微笑着说："你要回家去了。今天我和你玩了这么久，你还没有叫我一声。你说你叫我作什么呢？"

我抬起头睁大了眼睛看她的脸。不知道怎么样，而且连我自己也不大明白，我居然接连叫了两声"妈妈！"我后来想这也许是因为我时时渴望着有一个体贴我、对我亲切的母亲的缘故吧。

"蠢孩子！你怎么乱叫人家作妈呢？"叔父在旁边笑起来。

"不要笑他，我喜欢他这样叫我。你看他很喜欢我。"她轻轻地拍我的头。"你愿意我作你的妈吗？"她笑着问道。我因叫错了称呼，又当着叔父的面，觉得有些害羞，微微低下头，小声答应着。

　　叔父把我送到她身邊。她就把頭埋下來，用她柔軟的手撫摸我的臉，然後把我抱起，坐在她的膝上。她不時撫摸我的頭髮，給我詳細解說台上演的什麼戲和戲裏的種種情節。她知道得那麼清楚，使我看戲看得特別有興味。我覺得我開始喜歡她了。

　　戲演完了。我們都站起來，預備走了。忽然那女人俯下頭來，微笑着說：“你要回家去了。今天我和你玩了這麼久，你還沒有叫我一聲。你說你叫我作什麼呢？”

　　我抬起頭睜大了眼睛看她的臉。不知道怎麼樣，而且連我自己也不大明白，我居然接連叫了兩聲“媽媽！”我後來想這也許是因爲我時時渴望着有一個體貼我、對我親切的母親的緣故吧。

　　“蠢孩子！你怎麼亂叫人家作媽呢？”叔父在旁邊笑起來。

　　“不要笑他，我喜歡他這樣叫我。你看他很喜歡我。”她輕輕地拍我的頭。“你願意我作你的媽嗎？”她笑着問道。我因叫錯了稱呼，又當着叔父的面，覺得有些害羞，微微低下頭，小聲答應着。

　　她走到叔父面前，低声和他说了几句话，他点点头。我偷偷地看她，她带了喜色回到我身边来，牵着我的手，跟在人群后面，慢慢地走出去了。

　　"我已经和你叔叔说过了，你跟着我到我家里去玩。"她走出戏园门口，看见轿子在那里等她，便带笑地对我说。

　　我看叔父，叔父温和地微笑。我忽然瞥见那个仆人在叔父后面对我作鬼脸。我没去睬他。我让那个刚才被我叫做"妈"的女人把我带进轿子里去了。

　　在轿子里面，我依旧坐在她膝上。她絮絮地向我问话。她一只手时时抚摸我的头发，我的脸。她的手是那么温柔，声音是那么甜蜜，我仿佛觉得就是坐在母亲的怀里了。她问起我在家里的生活，问起我在家里有些什么人，问起叔父待我怎么样，问起我读些什么书，问起我是不是愿意到她家里去，我都一一地回答了。

　　不到一会儿轿子停下来了。她付了钱把轿夫打发走，然后对我说："你叔叔等一会儿就来，我们先进去吧！"她就把我引进左边一个小院子里，进她走到叔父面前，低聲和他説了幾句話，他點點頭。我偷偷地看她，她帶了喜色回到我身邊來，牽着我的手，跟在人群後面，慢慢地走出去了。

"我已經和你叔叔説過了，你跟着我到我家裏去玩。"她走出戲園門口,看見轎子在那裏等她，便帶笑地對我説。

我看叔父，叔父溫和地微笑。我忽然瞥見那個僕人在叔父後面對我作鬼臉。我没去睬他。我讓那個剛才被我叫做"媽"的女人把我帶進轎子裏去了。

在轎子裏面，我依舊坐在她膝上。她絮絮地向我問話。她一隻手時時撫摸我的頭髮，我的臉。她的手是那麽溫柔，聲音是那麽甜蜜，我仿佛覺得就是坐在母親的懷裏了。她問起我在家裏的生活，問起我在家裏有些什麽人，問起叔父待我怎麽樣，問起我讀些什麽書，問起我是不是願意到她家裏去，我都一一地回答了。

不到一會兒轎子停下來了。她付了錢把轎夫打發走，然後對我説："你叔叔等一會兒就來，我們先進去吧！"她就把我引進左邊一個小院子裏，進了她的卧室。时候还早，天色很明亮，我看清楚了房里的陈设：家具并不很多，不过布置得很好，很清洁、整齐。

"你就在这儿坐坐吧！"她把我引到一把藤椅旁边，这样对我说。她又从桌上一个瓷坛子里抓出一把糖果盛在碟子里，放在我面前，又说："你好好地吃，不要客气，我等一会儿再来陪你玩。"她就走进后房去了。接着一个丫头提了水壶从外面进来到后房里去。

我坐在藤椅上吃糖，看见丫头走出去。我听见她在后房里走动，又听见倒水和别的声音。她好些时候不出来。我一个人坐在藤椅上有点不耐烦，便站起来，随便走了几步，看看桌上的东西和墙壁上的东西。

墙壁上挂的字画，我好象在我们家里看见过；还有一管笛和一只琵琶也斜挂在墙上。靠窗的书桌上有一尊白瓷观音。看见这尊观音，我很惊奇，这明明是我们家里的东西。从前她常常立在叔父的书桌上。我好些时候没有看见她，想不到她却跑到这

了她的臥室。時候還早，天色很明亮，我看清楚了
房裏的陳設：家具並不很多，不過布置得很好，很
清潔、整齊。

"你就在這兒坐坐吧！"她把我引到一把藤椅
旁邊，這樣對我説。她又從桌上一個瓷罎子裏抓出
一把糖果盛在碟子裏，放在我面前，又説："你好
好地吃，不要客氣，我等一會兒再來陪你玩。"她
就走進後房去了。接着一個丫頭提了水壺從外面進
來到後房裏去。

我坐在藤椅上吃糖，看見丫頭走出去。我聽見
她在後房裏走動，又聽見倒水和別的聲音。她好些
時候不出來。我一個人坐在藤椅上有點不耐煩，便
站起來，隨便走了幾步，看看桌上的東西和牆壁上
的東西。

牆壁上掛的字畫，我好像在我們家裏看見過；
還有一管笛和一隻琵琶也斜掛在牆上。靠窗的書桌
上有一尊白瓷觀音。看見這尊觀音，我很驚奇，這
明明是我們家裏的東西。從前她常常立在叔父的書
桌上。我好些時候沒有看見她，想不到她却跑到這

55

里来了。

为什么叔父的东西会跑到这里来?我觉得很奇怪。但是我又看出来,桌子上面的大花瓶,墙上的外国风景画,还有许多许多东西,有的是婶母从前用的东西,如今都搬到这里来了。

她究竟是什么样的人呢?她跟叔父有什么样的关系呢?我忽然记起了仆人的话,难道她就是我的新婶婶吗?这样一想我就急得不能够忍耐了。我看见后房门大开,里面开着电灯,我便往后房走去。

她正在电灯下面,对着镜子搽粉。看见我进来,便掉头对我微微一笑,说:"你在外面坐得不耐烦了?糖吃完了吗?好,你到这里玩玩也好。"

我有些胆怯地走到她面前,她一把拉住我的手,笑着说:"你先前在戏园里问过我是你叔叔的什么人,你现在就猜猜看。"

我有点不好意思地望着她,说不出一句话。她经过这次打扮,比先前更好看了。我望着这张美丽的面孔,禁不住在心里想:我果然有一个这样好看的婶母吗?她看我不开口,便亲切地说:

裏來了。

爲什麽叔父的東西會跑到這裏來? 我覺得很奇怪。但是我又看出來，桌子上面的大花瓶，牆上的外國風景畫，還有許多許多東西，有的是嬸母從前用的東西，如今都搬到這裏來了。

她究竟是什麽樣的人呢? 她跟叔父有什麽樣的關係呢? 我忽然記起了僕人的話，難道她就是我的新嬸嬸嗎? 這樣一想我就急得不能够忍耐了。我看見後房門大開，裏面開着電燈，我便往後房走去。

她正在電燈下面，對着鏡子搽粉。看見我進來，便掉頭對我微微一笑，説: "你在外面坐得不耐煩了? 糖吃完了嗎? 好，你到這裏玩玩也好。"

我有些膽怯地走到她面前，她一把拉住我的手，笑着説: "你先前在戲園裏問過我是你叔叔的什麽人，你現在就猜猜看。"

我有點不好意思地望着她，説不出一句話。她經過這次打扮，比先前更好看了。我望着這張美麗的面孔，禁不住在心裏想: 我果然有一個這樣好看的嬸母嗎? 她看我不開口，便親切地説:

"你来，我给你把头发梳一下。"她把我抱起来坐在她的膝上，仔细地把我的头发分开，擦了一点油，把它梳得光光的。

镜子里现出两张脸来：她的头和我的头紧紧靠着。她望着我微笑，笑得非常温柔。

"你叫我，你再叫我一声妈呀!"她低声在我耳边说。

"妈…我真想有一个像你这样的妈呀!"我感动地说。

"小弟弟，要是我真有一个像你这样的儿子，不晓得会多么快活呀!…"说到这里，她的眼睛发亮了，我看见她的眼角嵌着泪珠。

"你哭了?"我惊讶地对她说。我伸出手去，要给她揩眼泪，她突然捧起我的脸，在脸颊上接连亲了几下。

"你看，你把我的脸都染红了。"我指着胭脂的痕迹对她说。她微微地笑了笑，取过一张湿毛巾把我的脸揩干净了。

"好，你先出去吧! 你叔叔恐怕就要来了。"

"你來，我給你把頭髮梳一下。"她把我抱起來坐在她的膝上，仔細地把我的頭髮分開，擦了一點油，把它梳得光光的。

鏡子裏現出兩張臉來: 她的頭和我的頭緊緊靠着。她望着我微笑，笑得非常溫柔。

"你叫我，你再叫我一聲媽呀!"她低聲在我耳邊説。

"媽...我真想有一個像你這樣的媽呀!"我感動地説。

"小弟弟，要是我真有一個像你這樣的兒子，不曉得會多麽快活呀!..."説到這裏，她的眼睛發亮了，我看見她的眼角嵌着淚珠。

"你哭了?"我驚訝地對她説。我伸出手去，要給她揩眼淚，她突然捧起我的臉，在臉頰上接連親了幾下。

"你看，你把我的臉都染紅了。"我指着胭脂的痕迹對她説。她微微地笑了笑，取過一張濕毛巾把我的臉揩乾淨了。

"好，你先出去吧! 你叔叔恐怕就要來了。"

她把我放下来，叫我在外面等她，我就先走出去了。

外面的房间相当阴暗，我坐在藤椅上等她。她出来了。这时电灯也亮了，屋子里突然明亮起来。她已经换好衣服，短袄和裤子的颜色配合得很好看。

"他怎么还没有来？你饿不饿？"

"不饿。"

"好，那么就再等一会儿。你在这里有些不惯吧？你叔叔今天晚上一定会来接你回去。"然后她对我笑了笑，说：

"我吹笛子给你听，好不好？"她搬了凳子，跪在凳子上，把墙上的笛子取了下来。她在藤椅上坐下，叫我靠在她身边，开始吹起笛子来。

我不晓得她吹的是什么调子，但是我听着笛声，看着她的面容，竟然想哭了。我紧紧地偎着她。

她吹完了一个调子，叔父还没有来。她微微叹了一口气，把笛子横在膝上，用温柔的眼光看着我。

"要是你叔叔今晚不来接你，你就睡在这里，好不好？你不怕吧？"她带笑问我道。

"只要你在这里，我就不怕。"我直率地说。

她把我放下來，叫我在外面等她，我就先走出去了。

外面的房間相當陰暗，我坐在藤椅上等她。她出來了。這時電燈也亮了，屋子裏突然明亮起來。她已經換好衣服，短襖和褲子的顏色配合得很好看。

"他怎麼還沒有來? 你餓不餓?"

"不餓。"

"好，那麼就再等一會兒。你在這裏有些不慣吧? 你叔叔今天晚上一定會來接你回去。"然後她對我笑了笑，説：

"我吹笛子給你聽，好不好?"她搬了凳子，跪在凳子上，把牆上的笛子取了下來。她在藤椅上坐下，叫我靠在她身邊，開始吹起笛子來。

我不曉得她吹的是什麼調子，但是我聽着笛聲，看着她的面容，竟然想哭了。我緊緊地偎着她。

她吹完了一個調子，叔父還沒有來。她微微嘆了一口氣，把笛子橫在膝上，用温柔的眼光看着我。

"要是你叔叔今晚不來接你，你就睡在這裏，好不好? 你不怕吧?"她帶笑問我道。

"只要你在這裏，我就不怕。"我直率地説。

"你真聪明，真像我的小弟弟。"她又忽然问我："你想不想听我弹琵琶?"

我看见琵琶高高地挂在墙上，我就说："不要弹琵琶了，你给我讲故事吧!"

"讲故事?我好多年没有讲故事了，那还是跟我的小弟弟在一起的时候…"

"怎么?你真有个小弟弟?"我惊讶地问。

"是的，我有个小弟弟，面貌和你也有些相像。"她低声说。

"那么，他现在在哪里?"

"我不晓得，我跟你一样地不晓得。"

"怎么?你会不晓得你自己的弟弟在哪里?"我不相信她的话，但她的样子是很诚实的，而且她流了眼泪。

"是的。"

"那么，他死了?"

"我也不晓得。"她用悲苦的声音说："现在不要提他了，我另外给你讲个故事吧。"她歇了半晌，好象在思索什么，然后就说起来：

"你真聰明，真像我的小弟弟。" 她又忽然問我："你想不想聽我彈琵琶?"

我看見琵琶高高地掛在牆上，我就說："不要彈琵琶了，你給我講故事吧!"

"講故事? 我好多年沒有講故事了，那還是跟我的小弟弟在一起的時候…"

"怎麼? 你真有個小弟弟?" 我驚訝地問。

"是的，我有個小弟弟，面貌和你也有些相像。" 她低聲說。

"那麼，他現在在哪裏?"

"我不曉得，我跟你一樣地不曉得。"

"怎麼? 你會不曉得你自己的弟弟在哪裏?" 我不相信她的話，但她的樣子是很誠實的，而且她流了眼淚。

"是的。"

"那麼，他死了?"

"我也不曉得。" 她用悲苦的聲音說："現在不要提他了，我另外給你講個故事吧。" 她歇了半晌，好像在思索什麼，然後就說起來：

"有一个十六岁的年轻人，他还有一个八岁的小弟弟。父亲很早就死了，只有一个老母亲。母亲在一家公馆里作工，十六岁的儿子就在那公馆里作小厮，弟弟也一道住着，虽然穷苦一点，他们却也平静地活下去了。

有一天公馆里丢了一件贵重的东西，别人一口咬定那个年轻人，硬冤枉他，说他把东西偷走了。他就被主人开除了，连母亲也被赶走了。

这母子三个人找了一间破房子住下。母亲找不到事，儿子也找不到事，他们把一些可以当可以卖的东西都当了卖了。儿子每天出去找事情，常常从早上跑到晚上，没得着一点钱。有一天晚上，他疲倦地回到家里，看见弟弟躺在床上呻吟，母亲守在旁边哭。原来弟弟这天下午在一家店里偷了两个馒头，被人捉住，把腿打得快断了。他不过是一个八岁的孩子，这许多天来都没有吃过饱饭，才去偷馒头，现在被打成了这个样子。

弟弟的腿是马上就该医治的，然而他们连吃饭的钱也没有！所以哥哥就更加努力地去找钱。后来

"有一個十六歲的年輕人，他還有一個八歲的小弟弟。父親很早就死了，只有一個老母親。母親在一家公館裏作工，十六歲的兒子就在那公館裏作小厮，弟弟也一道住着，雖然窮苦一點，他們却也平靜地活下去了。

有一天公館裏丟了一件貴重的東西，別人一口咬定那個年輕人，硬冤枉他，說他把東西偷走了。他就被主人開除了，連母親也被趕走了。

這母子三個人找了一間破房子住下。母親找不到事，兒子也找不到事，他們把一些可以當可以賣的東西都當了賣了。兒子每天出去找事情，常常從早上跑到晚上，沒得着一點錢。有一天晚上，他疲倦地回到家裏，看見弟弟躺在床上呻吟，母親守在旁邊哭。原來弟弟這天下午在一家店裏偷了兩個饅頭，被人捉住，把腿打得快斷了。他不過是一個八歲的孩子，這許多天來都沒有吃過飽飯，才去偷饅頭，現在被打成了這個樣子。

弟弟的腿是馬上就該醫治的，然而他們連吃飯的錢也沒有! 所以哥哥就更加努力地去找錢。後來得了一个机会，把自己卖给城里的一个戏班子，换了钱去给弟弟治病，去给母亲吃饭。他自己自然不情愿，可是除了这个办法，他没法子立刻得到那么多钱。他第一天拿了钱，第二天就跟着戏班子走了，以后就再也没跟母亲弟弟见过面。

到了城里，人家就叫他学演戏，演女角，因为他的面貌生得很整齐。学戏的生活是很苦的，他不晓得挨了多少鞭子才学得像一个女人。他穿女人的衣服，作女人的声音，走女人的脚步....他一举一动都是挨了许多鞭子，流了许多眼泪，流了许多血才学出来的。

十八岁那年他登台了，渐渐成了名角。立刻就有许多大人老爷来包围他。为了要成名角，为了要替人家挣钱，他不得不时时去敷衍别人，陪人睡觉，出卖自己的皮肉，和妓女简直没有两样。

他这样子过了十多年，给戏班子赚了不少钱，但自己却欠了一些债。而且年纪一天天大起来，大人老爷们也不大高兴来给他捧场了，他眼睁睁看着就要去走许多老戏子走过的路，这时候却遇到了一得了一個機會，把自己賣給城裏的一個戲班子，換了錢去給弟弟治病，去給母親吃飯。他自己自然不情願，可是除了這個辦法，他沒法子立刻得到那麼多錢。他第一天拿了錢,第二天就跟着戲班子走了，以後就再也沒跟母親弟弟見過面。

到了城裏，人家就叫他學演戲，演女角，因爲他的面貌生得很整齊。學戲的生活是很苦的，他不曉得挨了多少鞭子才學得像一個女人。他穿女人的衣服，作女人的聲音，走女人的脚步．．．．他一舉一動都是挨了許多鞭子，流了許多眼淚，流了許多血才學出來的。

十八歲那年他登台了，漸漸成了名角。立刻就有許多大人老爺來包圍他。爲了要成名角，爲了要替人家挣錢，他不得不時時去敷衍別人,陪人睡覺，出賣自己的皮肉，和妓女簡直沒有兩樣。

他這樣子過了十多年，給戲班子賺了不少錢，但自己却欠了一些債。而且年紀一天天大起來，大人老爺們也不大高興來給他捧場了，他眼睜睜看着就要去走許多老戲子走過的路，這時候却遇到了一个做官的，那个做官的看上了他，给他赎了身子，他满心以为从此可以脱离苦海了...."

她说到这里就停了一下，叹了一口气，悲声说："那只是一场梦啊!"

她苦笑了一下，用叹息般的声音说："你看我现在过得快活吗?"

我茫然地看着她，不懂她的意思："那个人后来又怎么样呢?"

"那个人就是我! 你还看不出我是你叔叔的什么人吗?"她说着却笑了，但这笑就和哭差不多。

我还是有些不了解，疑心我听错了她的话。她明明是个女人，一点也不像男子。

"怎么?你是一个男人?"我惶惑地问："我不信! 你骗我!"

她说："是的，我是一个男人。"然后又自己否定道：

"我怎么配是一个男人呢?只有你才配。你有福气啊! 十六岁以前，我也像你这样，虽然是一个穷小厮，志向却很大，...如今我只不过是个女人，個做官的，那個做官的看上了他，給他贖了身子，他滿心以爲從此可以脫離苦海了...."

她說到這裏就停了一下，嘆了一口氣，悲聲說:"那只是一場夢啊!"

她苦笑了一下，用嘆息般的聲音說："你看我現在過得快活嗎?"

我茫然地看着她，不懂她的意思："那個人後來又怎麼樣呢?"

"那個人就是我! 你還看不出我是你叔叔的什麼人嗎?" 她說着却笑了，但這笑就和哭差不多。

我還是有些不了解，疑心我聽錯了她的話。她明明是個女人，一點也不像男子。

"怎麼? 你是一個男人?" 我惶惑地問："我不信! 你騙我!"

她說："是的，我是一個男人。" 然後又自己否定道:

"我怎麼配是一個男人呢? 只有你才配。你有福氣啊! 十六歲以前，我也像你這樣，雖然是一個窮小厮，志向却很大，...如今我只不過是個女人，是你叔叔的姨太太…不过他待我还算好，我现在完全靠他过活。你看，这许多东西都是他买给我的。"

她这个故事完全出乎我的意料之外，我真是做梦也想不到她是男人,而且跟我叔父有这样的关系。不过那时的我究竟还没有多少生活经验，还不能分辨什么事情寻常或不寻常。小孩子又是很容易被同情压倒的，我完全忘了我自己，我从她手中拿过手帕，去给她擦眼泪，她默默地让我这样作了。

"我和我弟弟分别时，他就像你这样年纪，面貌也有点像你。"她又叹息地说下去："如今又过了十二三年了，我不晓得他是不是还活在这世上，也不晓得母亲是不是还活着…；近年来，我也渐渐忘了许多事情…，自从跟了你叔叔之后，我常常听他说起你。我要他把你的相片给我看，看见你的相片，就想起我的弟弟，越看就越觉得你像他，我就求你叔叔把你带来给我看。你看，我还把你的相片带在身边呢!"说着，她从衣服里面拿出一个椭圆形的金坠子，是系在金链子上，垂在胸前的。她把盖子打开，果然里面嵌着一张我的相片。

是你叔叔的姨太太…不過他待我還算好，我現在完全靠他過活。你看，這許多東西都是他買給我的。"

她這個故事完全出乎我的意料之外，我真是做夢也想不到她是男人，而且跟我叔父有這樣的關係。不過那時的我究竟還沒有多少生活經驗，還不能分辨什麼事情尋常或不尋常。小孩子又是很容易被同情壓倒的，我完全忘了我自己，我從她手中拿過手帕，去給她擦眼淚，她默默地讓我這樣作了。

"我和我弟弟分別時，他就像你這樣年紀，面貌也有點像你。"她又嘆息地說下去："如今又過了十二三年了，我不曉得他是不是還活在這世上，也不曉得母親是不是還活着…；近年來，我也漸漸忘了許多事情…，自從跟了你叔叔之後，我常常聽他說起你。我要他把你的相片給我看，看見你的相片，就想起我的弟弟，越看就越覺得你像他，我就求你叔叔把你帶來給我看。你看，我還把你的相片帶在身邊呢!"說着，她從衣服裏面拿出一個橢圓形的金墜子，是繫在金鏈子上，垂在胸前的。她把蓋子打開，果然裏面嵌着一張我的相片。

我呆呆地望着相片，把金坠子拿在手里。她又用悲苦的声音说："可怜我弟弟，他连一张照片也没有，他没有给我留下一件东西作个纪念。"

她不能再忍耐下去了，她抱住我，脸贴着我的脸，低声哭起来，她身子微微抖着。我想安慰她，但是我说不出别的话，我只不断地唤着"妈妈。"

忽然她觉醒似地推开我，站起来说："好象是你叔叔来了!"她用手帕给我揩了眼泪，一面说："你不要把刚才的事告诉你叔叔啊!"

"不会的，我绝不会告诉别人。"我点头答应道。

"好，你就坐在这里玩，让我到后房去洗脸。"

她进房以后，我听见叔父的咳嗽声。一个人进来了，正是我的叔父。接着又进来那个仆人，他又在叔父背后对我作了一个鬼脸。

"你在这里玩得好吗?"叔父带笑地问。

"好。"我简单地答复了他，就转身向后房走去，我怕叔父看见我脸上的泪痕。

我走进后房，看见她又在那里搽粉。她对我微

　　我呆呆地望着相片，把金墜子拿在手裏。她又用悲苦的聲音說："可憐我弟弟，他連一張照片也沒有，他沒有給我留下一件東西作個紀念。"

　　她不能再忍耐下去了，她抱住我，臉貼着我的臉，低聲哭起來，她身子微微抖着。我想安慰她，但是我說不出別的話，我只不斷地喚着"媽媽。"

　　忽然她覺醒似地推開我，站起來說："好像是你叔叔來了!"她用手帕給我揩了眼淚，一面說："你不要把剛才的事告訴你叔叔啊!"

　　"不會的，我絕不會告訴別人。"我點頭答應道。

　　"好，你就坐在這裏玩，讓我到後房去洗臉。"

　　她進房以後，我聽見叔父的咳嗽聲。一個人進來了，正是我的叔父。接着又進來那個僕人，他又在叔父背後對我作了一個鬼臉。

　　"你在這裏玩得好嗎?"叔父帶笑地問。

　　"好。"我簡單地答覆了他，就轉身向後房走去，我怕叔父看見我臉上的淚痕。

　　我走進後房，看見她又在那裏搽粉。她對我微微一笑，低声说："你来。"就用湿毛巾给我揩了脸，然后拉着我的手走出去了。

她招呼了叔父，问他为什么来得这么迟。叔父抱歉地说了许多话。他说别人请他吃饭，他等着上了两道菜就要走，但是又被主人留住了，所以到这个时候才来。

看见上了年纪的叔父这样小心地向她解释，我不禁失笑了。在这里的叔父和在家里的叔父不像一个人，在这里的叔父似乎年轻多了。

于是那个丫头和叔父的仆人都进来，安好了桌子，摆好了酒菜，我们就开始吃饭了。

一张小方桌放在屋中间，她和叔父对面坐着，我坐在另一方，靠她更近。她和叔父两个慢慢喝酒，我一个人吃着饭。她唤我作小弟弟，她和我说话更多，照料我更周到。她是有说有笑的，所以叔父不会猜到她先前流眼泪讲故事的事。

我们吃完饭，时候已经不早了，叔父叫仆人送我回去。她表现出不舍的样子，在我耳边温柔地说要我不要忘记她，要我时常到她那里去玩，我都一微一笑，低聲説："你來。"就用濕毛巾給我揩了臉，然後拉着我的手走出去了。

她招呼了叔父，問他爲什麽來得這麽遲。叔父抱歉地説了許多話。他説別人請他吃飯，他等着上了兩道菜就要走，但是又被主人留住了，所以到這個時候才來。

看見上了年紀的叔父這樣小心地向她解釋，我不禁失笑了。在這裏的叔父和在家裏的叔父不像一個人，在這裏的叔父似乎年輕多了。

於是那個丫頭和叔父的僕人都進來，安好了桌子，擺好了酒菜，我們就開始吃飯了。

一張小方桌放在屋中間，她和叔父對面坐着，我坐在另一方，靠她更近。她和叔父兩個慢慢喝酒，我一個人吃着飯。她喚我作小弟弟，她和我説話更多，照料我更周到。她是有説有笑的，所以叔父不會猜到她先前流眼淚講故事的事。

我們吃完飯，時候已經不早了，叔父叫僕人送我回去。她表現出不捨的樣子，在我耳邊溫柔地説要我不要忘記她，要我時常到她那裏去玩，我都一一答应了。回到家里以后，仆人又开玩笑似的对我说，叔父今天晚上是不会回来的了，而且叔叔经常在那里睡觉。

从此我就有一个母亲了。是的，我常常骄傲地想：我也有一个母亲了。我常常到她那里去，在她那里我得到了许多糖果、爱抚、鼓励和温暖，回家来就不觉得寂寞和单调了。我也不再妒忌那个有亲妈的小厮了。

我受着她的爱抚和照料，大约有三年多的时间。但是一个突然袭来的灾祸把她给我夺走了。这个灾祸就是叔父的死。

叔父一死，马上就有许多亲戚出来料理他的丧事，处理他的遗产。我被他们监护着，管教着，没有一点自由。那个仆人也被他们开除了。没有人带我到她那里去。即使有人带我去，我也没有出去的自由。那时我不过是个十岁的孩子，不知道反抗，也无法反抗。

到今天许多年代又过去了。我已经从家庭的羁绊中解放出来，我有了相当的自由了。而且我已经

一答應了。回到家裏以後，僕人又開玩笑似的對我
説，叔父今天晚上是不會回來的了，而且叔叔經常
在那裏睡覺。

從此我就有一個母親了。是的，我常常驕傲地
想：我也有一個母親了。我常常到她那裏去，在她
那裏我得到了許多糖果、愛撫、鼓勵和温暖，回家
來就不覺得寂寞和單調了。我也不再妒忌那個有親
媽的小廝了。

我受着她的愛撫和照料，大約有三年多的時間。
但是一個突然襲來的災禍把她給我奪走了。這個災
禍就是叔父的死。

叔父一死，馬上就有許多親戚出來料理他的喪
事，處理他的遺産。我被他們監護着，管教着，没
有一點自由。那個僕人也被他們開除了。没有人帶
我到她那裏去。即使有人帶我去，我也没有出去的
自由。那時我不過是個十歲的孩子，不知道反抗，
也無法反抗。

到今天許多年代又過去了。我已經從家庭的羈
絆中解放出來，我有了相當的自由了。而且我已經

长成为一个强壮的青年。我常想去寻找那个母亲，找回她来和我一起过从前那样幸福的日子，让我回报她所给过我的那些温暖。然而我到什么地方去寻找她呢？不知道有多少次我走过她从前住过的那条街，但是那条街已经变成了宽广的马路。她从前住过的那所房子一带也变成了一排高大的洋房，开设着生意兴隆的洋货店。

她如今究竟怎么样了呢？她究竟跟着什么人在生活呢？她究竟活着，还是已经死亡？这些问题是不难回答的。我知道像她那样一生给人做玩偶的有着脆弱性格的人是没有机会活到现在的。但是对于一个曾作过我母亲的人的消灭，我不能没有一点怜惜和悲痛，而且一想到她被不合理的制度折磨了一生的悲惨命运，我又不能够没有一点愤怒和诅咒。

我相信她并不是唯一接受这样命运的人。在她前面已经有过不少像她那样的人，在她后面一定也会有不少像她那样的人，因为不合理的制度是太残酷了，而有脆弱性格的人又是太多了。

我怜悯那些有着脆弱性格的人，我诅咒那个不長成爲一個强壯的青年。我常想去尋找那個母親，找回她來和我一起過從前那樣幸福的日子，讓我回報她所給過我的那些温暖。然而我到什麽地方去尋找她呢？不知道有多少次我走過她從前住過的那條街，但是那條街已經變成了寬廣的馬路。她從前住過的那所房子一帶也變成了一排高大的洋房，開設着生意興隆的洋貨店。

她如今究竟怎麽樣了呢？她究竟跟着什麽人在生活呢？她究竟活着，還是已經死亡？這些問題是不難回答的。我知道像她那樣一生給人做玩偶的有着脆弱性格的人是沒有機會活到現在的。但是對於一個曾作過我母親的人的消滅，我不能没有一點憐惜和悲痛，而且一想到她被不合理的制度折磨了一生的悲慘命運，我又不能够没有一點憤怒和詛咒。

我相信她並不是唯一接受這樣命運的人。在她前面已經有過不少像她那樣的人，在她後面一定也會有不少像她那樣的人，因爲不合理的制度是太殘酷了，而有脆弱性格的人又是太多了。

我憐憫那些有着脆弱性格的人，我詛咒那個不合理的制度。

为了这个我还要活下去。

讨论问题:

1.谈谈故事中"我"和"她"的感情与关系。

2.故事中的"叔叔"是个什么样的人?

3.作者在行文中极力把故事中的"女主角"同性恋的倾向解释为"被迫"的,你对这一点有没有特别的看法?

4.作者把同性恋关系中女性的扮演者描写成极可怜而且值得同情的形象。这与美国同性恋者的形象相同吗?

5.作者在结尾中一再指出"不合理的制度",一个没有同性恋的社会就是合理的制度吗?

6.就人权这一点,说说美国同性恋的发展。

合理的制度。

爲了這個我還要活下去。

討論問題:

1. 談談故事中"我"和"她"的感情與關係。

2. 故事中的"叔叔"是個什麼樣的人?

3. 作者在行文中極力把故事中的"女主角"同性戀的傾向解釋爲"被迫"的,你對這一點有沒有特別的看法?

4. 作者把同性戀關係中女性的扮演者描寫成極可憐而且值得同情的形象。這與美國同性戀者的形象相同嗎?

5. 作者在結尾中一再指出"不合理的制度",一個沒有同性戀的社會就是合理的制度嗎?

6. 就人權這一點,説説美國同性戀的發展。

（六）
奴隶的心
-巴　金-

背景简介:

　　本书所选巴金的两篇小说，〈第二的母亲〉与〈奴隶的心〉都是以社会底层受到压迫的小人物为主角，揭露中国社会中的不平与黑暗。

　　〈奴隶的心〉是讲一家三代为人奴仆的悲惨遭遇。祖父在受到冤屈后自杀，父亲卖身为主人赎罪，死在狱中，母亲则遭主人奸污，唯一的希望是儿子能从此摆脱为人奴仆的命运。然而这个故事的主角却又以"革命党"之名义被杀。

　　〈第二的母亲〉中的"她"也只是"奴隶"的另一种形态。

　　〈奴隶的心〉写于1931年，收入巴金《光明集》。本篇选自《巴金小说全集》（台北: 远流，1993），页207-223

（六）
奴隸的心
-巴 金-

The two selections by Ba Jin included in this book, "My Second Mother," and "A Slave's Mind," both have the lowest members of society as the main protagonists and seek to expose inequality and darkness in Chinese society. "A Slave's Mind" tells of the grievances suffered by three generations of a slave family. The grandfather committed suicide after being wrongly accused of theft, the father sold his life in order to bail out his young master, and thus died in jail, and the mother was raped by the master's son. The only hope left for the parents was that their son might eventually leave this life of slavery. Instead, their son was executed in the name of the revolution.

"A Slave's Mind", written in 1931, was included in *Ba Jin's Guangming Ji* and selected from *Ba Jin xiaoshuoquanji* (Taibei: Yuanliu, 1993), pp. 207-223.

（六）

奴隶的心

-巴 金-

（一）

"我的祖先就是奴隶!"彭有一天骄傲地对我说。

我有许多朋友,他们都对我讲过他们的祖先。他们都同样得意地说:"我的祖先有不少的奴隶呢!"在这些朋友中,大部分现在还有很多的奴隶,也有一小部分却已经把奴隶的数目减少,或者完全失掉了,所以常常惋惜地回忆过去的黄金时代,这是从他们的举动和谈话上可以看出来的。

至于我自己呢,我的记忆告诉我:我的曾祖有四个奴隶,我的祖父有八个奴隶,到了我父亲就有十六个奴隶了。我领有这十六个奴隶。我很得意,因为我是一个奴隶所有主。而且我还有一个志愿,就是把奴隶的数目从十六个增加到三十二个。

然而我的生活里出现了彭,他居然毫不惭愧地甚至骄傲地对我说,他的祖先是奴隶。我想他一定发狂了。

彭的来历,我不知道。然而他是我的朋友。我结识

（六）

奴隸的心

-巴　金-

（一）

"我的祖先就是奴隸!"彭有一天驕傲地對我說。

我有許多朋友，他們都對我講過他們的祖先。他們都同樣得意地說："我的祖先有不少的奴隸呢!"在這些朋友中，大部分現在還有很多的奴隸，也有一小部分却已經把奴隸的數目減少，或者完全失掉了，所以常常惋惜地回憶過去的黃金時代，這是從他們的舉動和談話上可以看出來的。

至於我自己呢，我的記憶告訴我：我的曾祖有四個奴隸，我的祖父有八個奴隸，到了我父親就有十六個奴隸了。我領有這十六個奴隸。我很得意，因爲我是一個奴隸所有主。而且我還有一個志願，就是把奴隸的數目從十六個增加到三十二個。

然而我的生活裏出現了彭，他居然毫不慚愧地甚至驕傲地對我說，他的祖先是奴隸。我想他一定發狂了。

彭的來歷，我不知道。然而他是我的朋友。我結識他跟结识别的朋友不一样：他是偶然闯进我的生活里来的。事情是这样的：

一天下午我从大学出来，脑子里想着事情，不注意地在马路上面下着脚步。一辆汽车从后面驶来，车夫接连地按喇叭。但是我并没有听见。汽车快要挨到我的身子了，忽然一只铁腕抓住我的膀子往旁边一拖。我几乎跌倒在地上。然而汽车安然地过去了。我定了神站住脚跟，一转头便看见一个瘦长的青年板着面孔站在我背后。我感谢他。他不回答我，也不笑，只是冷冷地看了我两三眼。好锋利的眼光！最后他自语似的说"以后要当心一点。"便昂然走开了。但是从此我认识了他。

在学校里我学文学，他学社会科学。我们没有在同一个课堂里听过课，但是我们常见面。每次我们只说两三句话，甚至不说话，只交换了一瞥冷淡的眼光。然而我们终于成为朋友了。

我们两个很少作过长谈，也不曾说过像"天气好"这一类的客套话。我们说的都是些一针见血的话。

我们两个可以说是熟朋友，但是我并不爱他。我跟他做朋友大半是因为感激和好奇的缘故。我也许尊敬他，他跟結識別的朋友不一樣：他是偶然闖進我的生活裏來的。事情是這樣的：

一天下午我從大學出來，腦子裏想着事情，不注意地在馬路上面下着脚步。一輛汽車從後面駛來，車夫接連地按喇叭。但是我並沒有聽見。汽車快要挨到我的身子了，忽然一隻鐵腕抓住我的膀子往旁邊一拖。我幾乎跌倒在地上。然而汽車安然地過去了。我定了神站住脚跟，一轉頭便看見一個瘦長的青年板着面孔站在我背後。我感謝他。他不回答我，也不笑，只是冷冷地看了我兩三眼。好鋒利的眼光! 最後他自語似的説"以後要當心一點。"便昂然走開了。但是從此我認識了他。

在學校裏我學文學，他學社會科學。我們沒有在同一個課堂裏聽過課，但是我們常見面。每次我們只説兩三句話，甚至不説話，只交換了一瞥冷淡的眼光。然而我們終於成爲朋友了。

我們兩個很少作過長談，也不曾説過像"天氣好"這一類的客套話。我們説的都是些一針見血的話。

我們兩個可以説是熟朋友，但是我並不愛他。我跟他做朋友大半是因爲感激和好奇的緣故。我也許尊敬他，

（六）奴隶的心

但决不喜欢他。他在面貌上，在言语上，在举动上都缺少温情。无论在什么地方，他都显得是一个冷酷的人。

他的身世我也不知道，他从来没有跟我谈过。不过从他在学校里的情形看来，他并不是有钱人家的子弟。他平时很节俭，普通大学生的习气，他一点也没有染到。他不穿西装，不看电影，也不进跳舞场。他除了听课外，不是在寝室里读书，就是一个人在操场上或者校外散步。他不笑，他只顾沉默地思索。

我常常想，他的脑子里一定装了什么东西。我和他同学三年，我就看见他整整思索了三年。

有一天我忍不住问他："彭，你整天在思索，你究竟在想些什么？"

他冷冷地答道："你不懂。"便掉头走了。

他回答得不错，我的确不懂。一个人在他这样的年纪，为什么这么阴沉，这么孤僻？这原因我真不懂。但是越不懂，越觉得奇怪，我便愈加想了解它。从此我便愈加注意他的行动，我留心他读的书和他结交的朋友。

说到朋友，他除了我以外，似乎就没有一个朋友。自然他也认识一些人，但是谁都不愿意同他往来，而且但決不喜歡他。他在面貌上，在言語上，在舉動上都缺少溫情。無論在什麽地方，他都顯得是一個冷酷的人。

他的身世我也不知道，他從來沒有跟我談過。不過從他在學校裏的情形看來，他並不是有錢人家的子弟。他平時很節儉，普通大學生的習氣，他一點也没有染到。他不穿西裝，不看電影，也不進跳舞場。他除了聽課外，不是在寢室裏讀書，就是一個人在操場上或者校外散步。他不笑，他只顧沉默地思索。

我常常想，他的腦子裏一定裝了什麽東西。我和他同學三年，我就看見他整整思索了三年。

有一天我忍不住問他："彭，你整天在思索，你究竟在想些什麽?"

他冷冷地答道："你不懂。"便掉頭走了。

他回答得不錯，我的確不懂。一個人在他這樣的年紀，爲什麽這麽陰沉，這麽孤僻?這原因我真不懂。但是越不懂，越覺得奇怪，我便愈加想了解它。從此我便愈加注意他的行動，我留心他讀的書和他結交的朋友。

説到朋友，他除了我以外，似乎就沒有一個朋友。自然他也認識一些人，但是誰都不願意同他往來，而且他自己也不高兴同别人作朋友。他永远板起面孔，无论对谁都是这样，便是女同学找他说话，他也不肯露出笑脸。我同他虽然很熟，但他对我也很冷淡。我想，我不喜欢他，大概因为这个缘故。

我留心过他读的书。他读的书太杂了，有许多很古怪，著者的名字我从来没见过。而且有些是终年终月放在图书馆的书架上，从来就没人过问的。他读各种各类的书：今天是哲学书，明天是历史书。老实说，要从他读的书上了解他，也是很困难的，因为那些书的内容，我完全不知道，除非我自己拿来从头至尾地读过一遍。

（二）

有一天晚上他突然来到我的房里。这个学期我在学校附近租了一间很舒适的屋子，是在楼上，从窗里可以望见学校前的马路，还有那个新辟的小高尔夫球场。

彭走进房来，不客气地在那张雪白的沙发上坐下，拂了拂他那件旧夹袍上面的灰尘，半晌不说话。我正坐在书桌前读一本书，抬起头看了他两眼，便又把头埋下去。我的眼光在摊开的书上，脑子里却想着那张在他那他自己也不高興同別人作朋友。他永遠板起面孔，無論對誰都是這樣，便是女同學找他説話，他也不肯露出笑臉。我同他雖然很熟，但他對我也很冷淡。我想，我不喜歡他，大概因爲這個緣故。

我留心過他讀的書。他讀的書太雜了，有許多很古怪，著者的名字我從來没見過。而且有些是終年終月放在圖書館的書架上，從來就没人過問的。他讀各種各類的書：今天是哲學書，明天是歷史書。老實説，要從他讀的書上了解他，也是很困難的，因爲那些書的内容，我完全不知道，除非我自己拿來從頭至尾地讀過一遍。

（二）

有一天晚上他突然來到我的房裏。這個學期我在學校附近租了一間很舒適的屋子，是在樓上，從窗裏可以望見學校前的馬路，還有那個新闢的小高爾夫球場。

彭走進房來，不客氣地在那張雪白的沙發上坐下，拂了拂他那件舊夾袍上面的灰塵，半晌不説話。我正坐在書桌前讀一本書，抬起頭看了他兩眼，便又把頭埋下去。我的眼光在攤開的書上，腦子裏却想着那張在他那件旧夹袍下面的新沙发。

"郑，你知道中国现在有多少奴隶？"他忽然用他那低沉的声音问我。

"大概有几百万吧。"我淡淡地回答，这个数目是否正确，我也不知道，不过前几天曾听一个朋友说过。我对于这些问题素来就不关心。

"几百万？实际上何止几千万！"彭的声音变得苦恼了。"而且，要是把奴隶这个意义扩大些说，全中国的人至少四分之三以上都是奴隶。"

"无论如何，我自己总不是奴隶。"我庆幸地想着。但是我又抬头去看彭，我不明白彭为什么这样苦恼。

"你也有奴隶吗？"他突然不客气地发问。

我想他也许藐视我没有奴隶吧，那他就错了，我家里确实有十六个奴隶。我的脸上现出了得意的笑容。我昂然回答道："像我这样的人当然有奴隶，在我家里就有十六个奴隶！"

听了我的话，他冷笑了一声。我发现他向我这边射过来的眼光里含着更大的轻蔑。他的眼睛里没有尊敬，没有羡慕。对于一个领有十六个奴隶的人，居然加以蔑件舊夾袍下面的新沙發。

"鄭，你知道中國現在有多少奴隸？"他忽然用他那低沉的聲音問我。

"大概有幾百萬吧。"我淡淡地回答，這個數目是否正確，我也不知道，不過前幾天曾聽一個朋友說過。我對於這些問題素來就不關心。

"幾百萬？實際上何止幾千萬！"彭的聲音變得苦惱了。"而且，要是把奴隸這個意義擴大些說，全中國的人至少四分之三以上都是奴隸。"

"無論如何，我自己總不是奴隸。"我慶幸地想着。但是我又抬頭去看彭，我不明白彭為什麼這樣苦惱。

"你也有奴隸嗎？"他突然不客氣地發問。

我想他也許藐視我沒有奴隸吧，那他就錯了，我家裏確實有十六個奴隸。我的臉上現出了得意的笑容。我昂然回答道："像我這樣的人當然有奴隸，在我家裏就有十六個奴隸！"

聽了我的話，他冷笑了一聲。我發現他向我這邊射過來的眼光裏含着更大的輕蔑。他的眼睛裏沒有尊敬，沒有羨慕。對於一個領有十六個奴隸的人，居然加以蔑视。我倒觉得奇怪了。我几乎不相信我的眼睛。我不明白这是什么缘故。我在思索。我忽然想明白了，我以为大概是妒嫉在作怪吧，因为据他的经济情形看来，他当然不会有奴隶。于是我同情地或者怜悯地问他道："你家里大概也有些奴隶吧。"

出乎我的意料之外，他又把眼光向我射来，这一次他的眼光里充满了骄傲。他昂然说："我的祖先就是奴隶！"他叙说这个，好像在叙说一个功绩。这使我更加惊疑了。

"不见得吧，你何必这样谦虚呢，我们既然是熟朋友。"我说。

"谦虚？我为什么要谦虚？"他惊奇地说。看他的神气，好像我说了什么奇怪的话似的。

"但是你明明说你的祖先是奴隶。"我解释说。

"我的祖先本来就是奴隶。"

"然而你在大学里读书……"我说，我还不肯相信他的话。

"你说奴隶的后人就不应该在大学里读书吗？"他傲慢地问："我看你的祖先也不见得就不是奴隶吧。"

94

視。我倒覺得奇怪了。我幾乎不相信我的眼睛。我不明白這是什麽緣故。我在思索。我忽然想明白了，我以爲大概是妒嫉在作怪吧，因爲據他的經濟情形看來，他當然不會有奴隸。於是我同情地或者憐憫地問他道："你家裏大概也有些奴隸吧。"

出乎我的意料之外，他又把眼光向我射來，這一次他的眼光裏充滿了驕傲。他昂然說："我的祖先就是奴隸!"他叙說這個，好像在叙說一個功績。這使我更加驚疑了。

"不見得吧，你何必這樣謙虛呢，我們既然是熟朋友。"我說。

"謙虛?我爲什麽要謙虛?"他驚奇地說。看他的神氣，好像我說了什麽奇怪的話似的。

"但是你明明說你的祖先是奴隸。"我解釋說。

"我的祖先本來就是奴隸。"

"然而你在大學裏讀書……"我說，我還不肯相信他的話。

"你說奴隸的後人就不應該在大學裏讀書嗎?"他傲慢地問："我看你的祖先也不見得就不是奴隸吧。"

我好像头上受了鞭打，捧着头跳起来。我认为我受了大的侮辱。我向着他走去。我站在他面前，气愤地看着他说："你以为我的祖先跟你的一样吗？不，决不！告诉你，我的父亲有十六个奴隶，我的祖父有八个奴隶，我的曾祖有四个奴隶，再数上去，我的祖先还有更多的奴隶呢！"其实再数上去究竟有没有奴隶还是个问题。我的高祖也许是一个没有奴隶的小商人，也许就是奴隶的后裔，都是可能的。然而我的确时常梦想他是一位大官，有华丽的府第，有不少姬妾，还有几百个奴隶。

虽然不是常常，但是我确实有几次对人说过："我的祖先作过大官！"可是如今他却敢在我面前说我是奴隶的后人，这个侮辱太大了。我一生只受到过一次这样大的侮辱！我不能够忍受。我要对他报复。我用憎怒的眼光看他。我们的眼光遇在一起了。在他冷酷的眼光下面，我渐渐地恢复了平静的心境。我想我应该对他客气一点，因为他曾经有恩于我。我回到自己的座位上来。

"是的，这个我相信你，因为像你这样的人一定是从奴隶所有主的家里生出来的。同样，像我这样的人也一定不能够生在奴隶所有主的家里。而且我正以此自豪。"

我好像頭上受了鞭打，捧着頭跳起來。我認爲我受了大的侮辱。我向着他走去。我站在他面前，氣憤地看着他説："你以爲我的祖先跟你的一樣嗎? 不，決不! 告訴你，我的父親有十六個奴隸，我的祖父有八個奴隸，我的曾祖有四個奴隸，再數上去，我的祖先還有更多的奴隸呢! "其實再數上去究竟有沒有奴隸還是個問題。我的高祖也許是一個沒有奴隸的小商人，也許就是奴隸的後裔，都是可能的。然而我的確時常夢想他是一位大官，有華麗的府第，有不少姬妾，還有幾百個奴隸。

雖然不是常常，但是我確實有幾次對人説過："我的祖先作過大官! "可是如今他却敢在我面前説我是奴隸的後人，這個侮辱太大了。我一生只受到過一次這樣大的侮辱! 我不能够忍受。我要對他報復。我用憎怒的眼光看他。我們的眼光遇在一起了。在他冷酷的眼光下面，我漸漸地恢復了平靜的心境。我想我應該對他客氣一點，因爲他曾經有恩於我。我回到自己的座位上來。

"是的，這個我相信你，因爲像你這樣的人一定是從奴隸所有主的家裏生出來的。同樣，像我這樣的人也一定不能够生在奴隸所有主的家裏。而且我正以此自豪。"

他的态度很傲慢。显然他的话里含得有若干讥刺。

我想他一定是妒嫉到发狂了，便忍不住笑起来。

他的脸上现出了非常愤怒的表情，他用手在眼前拂了拂，好像要把我从他的眼前拂去似的。"你笑，笑什么？是的，我以作奴隶的后人自豪。因为他们的心跟我的心接近。……你知道些什么呢？在你的华丽的房屋内，温暖的被窝中,甜蜜的好梦里,你究竟知道些什么呢？……我恨不得使你们这般人的眼睛睁大一点!……是的，我是一个奴隶的后人，我用不着讳言。我可以毫不惭愧地宣布我是一个奴隶的后人。我的父母是奴隶，我的祖父是奴隶，我的曾祖是奴隶，这样数上去,也许在我家中，根本就找不出一个不是奴隶的人来。"

我想他一定疯了，最好设法骗他出去，免得他在这里有什么意外的举动。但他又接着说下去："是的，你有十六个奴隶。你满足，你快乐，你骄傲。可是你知道你的奴隶是怎样生活的吗？不，你是不会知道的!"

（三）

"好，让我告诉你一些奴隶的故事吧。……我的祖他的態度很傲慢。顯然他的話裏含得有若干譏刺。

我想他一定是妒嫉到發狂了，便忍不住笑起來。

他的臉上現出了非常憤怒的表情，他用手在眼前拂了拂，好像要把我從他的眼前拂去似的。"你笑，笑什麼?是的，我以作奴隸的後人自豪。因爲他們的心跟我的心接近。……你知道些什麼呢?在你的華麗的房屋内，温暖的被窩中,甜蜜的好夢裏,你究竟知道些什麼呢?……我恨不得使你們這般人的眼睛睁大一點!……是的，我是一個奴隸的後人，我用不着諱言。我可以毫不慚愧地宣布我是一個奴隸的後人。我的父母是奴隸，我的祖父是奴隸，我的曾祖是奴隸，這樣數上去,也許在我家中，根本就找不出一個不是奴隸的人來。"

我想他一定瘋了，最好設法騙他出去，免得他在這裏有什麽意外的舉動。但他又接着說下去："是的，你有十六個奴隸。你滿足，你快樂，你驕傲。可是你知道你的奴隸是怎樣生活的嗎?不，你是不會知道的!"

（三）

"好，讓我告訴你一些奴隸的故事吧。……我的祖父是一个很忠心的奴隶，我再没有看见比他更忠心的人。他在主人家里辛辛苦苦地作了四五十年的苦工。他是奴隶的儿子，所以在很小的时候就做奴隶了。在我有记忆的时候，我就看见他的头发已经灰白了。那时我们住在公馆后面一间破屋内，父亲，母亲，祖父和我。但是母亲不常到这里睡，她要在上房里服侍太太、小姐。我常常看见祖父被大小的主人责骂，他总是红着脸低着头接连地应着'是'字。在冬天，大风摇撼着破屋的屋顶，冷气从缝隙里透进来，我们冷得睡不着，床太硬了，被太薄了。一个像我这样的小孩，一个像祖父这样的老人，还有一个我的正在壮年的父亲。我们去找了些枯枝败叶和干草，在土地上烧起一堆火，大家便蹲着烤火。这时候祖父的话匣子便打开了。他讲起他的种种事情，又开始他的说教，要我将来作一个正直诚实的好人，要我像他那样忠心地服侍主人。他说有好心是有好报的。父亲是不爱说话的人。在祖父的一番说教之后，我们看见火势渐渐地衰了，而且时候也不早了，于是三个人紧紧地抱着，在床上度过了寒冷的夜晚。"

"祖父所说的好报终于来了。一个夏天的早晨他忽父是一個很忠心的奴隸，我再沒有看見比他更忠心的人。他在主人家裏辛辛苦苦地作了四五十年的苦工。他是奴隸的兒子，所以在很小的時候就做奴隸了。在我有記憶的時候，我就看見他的頭髮已經灰白了。那時我們住在公館後面一間破屋內，父親，母親，祖父和我。但是母親不常到這裏睡，她要在上房裏服侍太太、小姐。我常常看見祖父被大小的主人責罵，他總是紅着臉低着頭接連地應着'是'字。在冬天，大風搖撼着破屋的屋頂，冷氣從縫隙裏透進來，我們冷得睡不着，床太硬了，被太薄了。一個像我這樣的小孩，一個像祖父這樣的老人，還有一個我的正在壯年的父親。我們去找了些枯枝敗葉和乾草，在土地上燒起一堆火，大家便蹲着烤火。這時候祖父的話匣子便打開了。他講起他的種種事情，又開始他的說教，要我將來作一個正直誠實的好人，要我像他那樣忠心地服侍主人。他說有好心是有好報的。父親是不愛說話的人。在祖父的一番說教之後，我們看見火勢漸漸地衰了，而且時候也不早了，於是三個人緊緊地抱着，在床上度過了寒冷的夜晚。"

"祖父所說的好報終於來了。一個夏天的早晨他忽然失踪了，后来有人发现他吊死在花园里的槐树枝上。我没有看见他死后的面貌，因为母亲不许我去看，而且人们很快就把尸首处理好了。祖父躺在木板上，一张席子盖住他的上半身，我只看见他那双肥大而污秽的脚。从此我祖父就消灭了。我就永远不能够再见他一面了。"

"祖父为什么要吊死呢？据说原因很简单：原来在他临死的前一天，主人发现失掉了一件贵重的东西，说是祖父偷出去卖了，祖父分辩说，他从来对主人就很忠心，决不敢偷主人的东西。然而分辩的结果是主人打了祖父两记耳光，痛骂了他一顿，要他赔偿。祖父自己很惭愧，觉得对不起主人，不能获得主人的信任，不能报答主人的恩典。他越想越苦恼，加以他做了多年的奴隶，并没有积蓄，赔不起这一笔钱。于是在四五十年忠心服侍主人之后，结果他用一根裤带把自己吊死在主人花园里的槐树枝上，这就是祖父所说的'好报'了。"

"公馆里的人虽然可怜祖父，但是都认为东西是祖父偷了的。从此我不但是奴隶的后人，我又是窃贼的孙儿了。然而我不相信我的祖父会偷东西。我相信他不会做这样的事。他是一个好人。常常在晚上，父亲把我抱然失踪了，後來有人發現他吊死在花園裏的槐樹枝上。我沒有看見他死後的面貌，因爲母親不許我去看，而且人們很快就把尸首處理好了。祖父躺在木板上，一張席子蓋住他的上半身，我只看見他那雙肥大而污穢的脚。從此我祖父就消滅了。我就永遠不能够再見他一面了。"

"祖父爲什麽要吊死呢?據説原因很簡單：原來在他臨死的前一天，主人發現失掉了一件貴重的東西，説是祖父偷出去賣了，祖父分辯説，他從來對主人就很忠心，決不敢偷主人的東西。然而分辯的結果是主人打了祖父兩記耳光，痛罵了他一頓，要他賠償。祖父自己很慚愧，覺得對不起主人，不能獲得主人的信任，不能報答主人的恩典。他越想越苦惱，加以他做了多年的奴隸，並没有積蓄，賠不起這一筆錢。於是在四五十年忠心服侍主人之後，結果他用一根褲帶把自己吊死在主人花園裏的槐樹枝上，這就是祖父所説的‘好報’了。"

"公館裏的人雖然可憐祖父，但是都認爲東西是祖父偷了的。從此我不但是奴隸的後人，我又是竊賊的孫儿了。然而我不相信我的祖父會偷東西。我相信他不會做這樣的事。他是一個好人。常常在晚上，父親把我抱在怀里，父亲因为白天工作忙碌,很快地就闭上了眼睛。我却想起我的好祖父。我不能够睡，我想着祖父平日的慈祥的面颜。我淌了眼泪。泪水迷了我的眼睛。我忽然觉得我是在祖父的怀里了。我紧紧地抱着他。我感动地大声说：'爷爷，我相信你不会偷人家的东西。我相信东西不是你偷的!'"

"有人在说话了：'牛儿，你说什么?'我分辨出这是父亲的声音。我属牛，所以我的小名叫做牛儿。我揩了揩眼睛，祖父已经不见了。我身边睡着父亲。我大声哭起来。这一来父亲也不能睡了。他也流了眼泪。他哭着安慰我说：'牛儿，你说得很对，东西不是你爷爷偷的，我知道是什么人偷的。'于是我拉着父亲的膀子着急地说：'告诉我是什么人偷的。告诉我，是什么人偷的。你知道，你要告诉我。'父亲显得很为难。他迟疑了一会儿，叹了口气，然后说：'我告诉你。你要赌咒不告诉人。'我发誓了，虽然孩子的嘴是不可靠的，但是他终于对我说了，他悲声说：'我知道是大少爷偷的，你爷爷也知道。这是不能够告诉别人的，你爷爷愿意断送他的性命，我也不能说出真话来。现在人死了，在懷裏，父親因爲白天工作忙碌，很快地就閉上了眼睛。我却想起我的好祖父。我不能够睡，我想着祖父平日的慈祥的面顏。我淌了眼淚。淚水迷了我的眼睛。我忽然覺得我是在祖父的懷裏了。我緊緊地抱着他。我感動地大聲説：'爺爺，我相信你不會偷人家的東西。我相信東西不是你偷的!'"

"有人在説話了：'牛兒，你説什麽?'我分辨出這是父親的聲音。我屬牛，所以我的小名叫做牛兒。我揩了揩眼睛，祖父已經不見了。我身邊睡着父親。我大聲哭起來。這一來父親也不能睡了。他也流了眼淚。他哭着安慰我説：'牛兒，你説得很對，東西不是你爺爺偷的，我知道是什麽人偷的。'於是我拉着父親的膀子着急地説：'告訴我是什麽人偷的。告訴我，是什麽人偷的。你知道，你要告訴我。'父親顯得很爲難。他遲疑了一會兒，嘆了口氣，然後説：'我告訴你。你要賭咒不告訴人。'我發誓了，雖然孩子的嘴是不可靠的，但是他終於對我説了，他悲聲説：'我知道是大少爺偷的，你爺爺也知道。這是不能够告訴別人的，你爺爺願意斷送他的性命，我也不能説出真話來。現在人死了，说出来，也没人相信，而且会给我们自己招来麻烦。'"

彭说到这里略略停了一下，接着苦笑地解释道："我这里转述的父亲的话自然不是他的原句，不过我相信我还没有把他的大意忘掉。你不会以为我是在编造故事吧?"

我默默地点了点头，又让他继续说下去："我不明白父亲的理由，但是我也不敢再问他了。不过我还想念我的祖父，哭我的祖父。"

"这些时候我还有父亲同母亲。我爱他们，他们也爱我。自从祖父死后，父亲脸上总是带着愁容，我很少看见他笑过。"

（四）

"有一天晚上，已经是冬天了，很冷，父亲带着我在屋里烤火。外面忽然起了吵闹声，接着又听见有人在喊'救命!'我吓得连忙往父亲的怀里躲，紧紧抱住父亲的颈项。父亲温和地在我身边说：'不要紧,不要怕,爹爹在。'后来外面寂然无声了。不多时有人把我父亲叫了去，说主人唤他。他去了，许久不见回来。我一个說出來，也沒人相信，而且會給我們自己招來麻煩。'"

彭說到這裏略略停了一下，接着苦笑地解釋道："我這裏轉述的父親的話自然不是他的原句，不過我相信我還沒有把他的大意忘掉。你不會以爲我是在編造故事吧?"

我默默地點了點頭，又讓他繼續說下去："我不明白父親的理由，但是我也不敢再問他了。不過我還想念我的祖父，哭我的祖父。"

"這些時候我還有父親同母親。我愛他們，他們也愛我。自從祖父死後，父親臉上總是帶着愁容，我很少看見他笑過。"

（四）

"有一天晚上，已經是冬天了，很冷，父親帶着我在屋裏烤火。外面忽然起了吵鬧聲，接着又聽見有人在喊'救命!'我嚇得連忙往父親的懷裏躲，緊緊抱住父親的頸項。父親溫和地在我身邊說:'不要緊,不要怕,爹爹在。'後來外面寂然無聲了。不多時有人把我父親叫了去，說主人喚他。他去了，許久不見回來。我一個人在屋子里怕得很。后来父亲同母亲回来了。两个人脸上都有泪痕。父亲抱着我哭个不止，他又跟母亲讲了些伤心话。这个晚上我们三个人抱着睡。父亲同母亲说的话我现在记不起了，因为有些话的意义我当时还不懂。我只记得有几句：'还是让我死了好，我活着有什么用处？我们是主人的奴隶，我们只有听从主人的话。……我们会生更多的儿子，儿子又会生孙子，都是给人家做奴隶的，没有一个人会逃掉奴隶的命运。与其活着，让牛儿也给人家做奴隶，让奴隶的血统延长下去，还不如由我把这条命卖给主人，让牛儿读点书，将来也有个出头的日子。'"

彭这时眼睛红了。他停了停，又说："父亲的话我现在还记得。我一生也不会忘记。固然在这里我把他的话修饰了一下，使它们更接近你们的语言，但是你总可以多少感到那颗心还在这些话里跳动吧。"

"母亲不多说话，只是抱着父亲哭，口里喃喃说：'你叫我怎么舍得你？'我不明白他们为什么要这样做，但是我也哭了。"

"第二天早晨我们还在床上，就有人来把父亲带走人在屋子裏怕得很。後來父親同母親回來了。兩個人臉上都有淚痕。父親抱着我哭個不止，他又跟母親講了些傷心話。這個晚上我們三個人抱着睡。父親同母親說的話我現在記不起了，因爲有些話的意義我當時還不懂。我只記得有幾句：'還是讓我死了好，我活着有什麼用處?我們是主人的奴隸，我們只有聽從主人的話。……我們會生更多的兒子，兒子又會生孫子，都是給人家做奴隸的，沒有一個人會逃掉奴隸的命運。與其活着，讓牛兒也給人家做奴隸，讓奴隸的血統延長下去，還不如由我把這條命賣給主人，讓牛兒讀點書，將來也有個出頭的日子。'"

彭這時眼睛紅了。他停了停，又說："父親的話我現在還記得。我一生也不會忘記。固然在這裏我把他的話修飾了一下，使它們更接近你們的語言，但是你總可以多少感到那顆心還在這些話裏跳動吧。"

"母親不多說話，只是抱着父親哭，口裏喃喃說：'你叫我怎麼捨得你?'我不明白他們爲什麼要這樣做，但是我也哭了。"

"第二天早晨我們還在床上，就有人來把父親帶走了。母亲拉着他的袖子哭，我也跟着母亲那样做。他们说，他昨天晚上打死了人。我不相信。昨天晚上他明明陪着我烤火。外面吵闹声起来的时候，父亲正把我抱在怀里，他并没有离开我，他不会到外面打死人。父亲并不分辩，默默地垂着头让人把他拉走。我非常着急，我跑去拉住他的袖子，我的话还没有说出口，他们就把我摔倒在地上，父亲就被人带走了。"

"从此我就没有再见到父亲一面。据说不到几个月时间他就病死在监牢里面。我的母亲也不在公馆里做事了。我们搬到公馆外面住，而且我还得到了读书的机会。我们的用费都是由主人供给的。他买了我父亲的命，替他的儿子死（我后来听人说那个人是小主人打死的），他并不曾违背他的诺言。……你想我感激他吗？不，我恨他，我恨他的儿子！他们是我的仇人，他们害了我的祖父同父亲。然而他们的钱我是要用的，那是我父亲用性命换来的。父亲牺牲了性命，却把我造成了现在这个样子。他的目的达到了，无论如何我是要把奴隶的血统终止的。……"

他突然闭了口。我看见他的脸上起了一阵可怕的痉

110

了。母親拉着他的袖子哭，我也跟着母親那樣做。他們說，他昨天晚上打死了人。我不相信。昨天晚上他明明陪着我烤火。外面吵鬧聲起來的時候，父親正把我抱在懷裏，他並沒有離開我，他不會到外面打死人。父親並不分辯，默默地垂着頭讓人把他拉走。我非常着急，我跑去拉住他的袖子，我的話還沒有説出口，他們就把我摔倒在地上，父親就被人帶走了。"

"從此我就沒有再見到父親一面。據説不到幾個月時間他就病死在監牢裏面。我的母親也不在公館裏做事了。我們搬到公館外面住,而且我還得到了讀書的機會。我們的用費都是由主人供給的。他買了我父親的命，替他的兒子死（我後來聽人説那個人是小主人打死的），他並不曾違背他的諾言。……你想我感激他嗎? 不，我恨他，我恨他的兒子! 他們是我的仇人，他們害了我的祖父同父親。然而他們的錢我是要用的，那是我父親用性命換來的。父親犧牲了性命，却把我造成了現在這個樣子。他的目的達到了，無論如何我是要把奴隸的血統終止的。……"

他突然閉了口。我看見他的臉上起了一陣可怕的痙孪。他极力咬着嘴唇皮，好像要忍住一种愤怒的爆发。我想他一定还隐匿着什么话没说出来。虽然多少被他的话感动了，但是我还在用锋利的探索的目光看他。我的眼光并不把他放松，似乎在问他："你还有什么不可告人的隐衷吗？"

（五）

他好像明白了我的意思，他的脸色马上涨红了，不知道是因为羞愧，还是因为愤怒。他站起来在房里大步走了几步，又坐下来，脸上的表情忽然变得很可怕了。他说："不错，我的故事是不完全的，我还隐藏着什么话没有说。……现在我还是说了吧。有一天我从学校放学回来得早一点，我看见母亲同一个男人坐在床上。他们不曾看见我。我躲在门外。我的心里被愤怒和羞愧填满了。我在外面苦苦地用功读书的时候，我的母亲在家里陪男人玩。这个思想刺痛我的心，然而我爱母亲，我不愿当面侮辱她。而且我也认出这个男人就是我的小主人。不是别人，正是小主人！就是他害了我的祖父，就是他害了我的父亲，现在他又要来害我的母亲了。我仿攣。他極力咬着嘴唇皮，好像要忍住一種憤怒的爆發。我想他一定還隱匿着什麼話沒說出來。雖然多少被他的話感動了，但是我還在用鋒利的探索的目光看他。我的眼光並不把他放鬆，似乎在問他："你還有什麼不可告人的隱衷嗎?"

（五）

他好像明白了我的意思，他的臉色馬上漲紅了，不知道是因爲羞愧，還是因爲憤怒。他站起來在房裏大步走了幾步，又坐下來，臉上的表情忽然變得很可怕了。他說："不錯，我的故事是不完全的，我還隱藏着什麼話沒有說。……現在我還是說了吧。有一天我從學校放學回來得早一點，我看見母親同一個男人坐在床上。他們不曾看見我。我躲在門外。我的心裏被憤怒和羞愧填滿了。我在外面苦苦地用功讀書的時候，我的母親在家裏陪男人玩。這個思想刺痛我的心，然而我愛母親，我不願當面侮辱她。而且我也認出這個男人就是我的小主人。不是別人，正是小主人! 就是他害了我的祖父，就是他害了我的父親，現在他又要來害我的母親了。我仿佛听见母亲对小主人说："快走，快走，牛儿要回来了。"小主人说了几句话，母亲接着又说："请你不要常来，常来会碰见牛儿的。请你开个恩，发个慈悲吧。'……"

"我走进了屋子，母亲一个人坐在床沿上埋着头在想什么。我连忙奔到她的面前。她吃了一惊，脸涨得通红，问：'你回来了？'"

"我紧紧抱着她的腿。我羞愧地愤怒地说："妈，你好羞呀！爹死了不到一年，你就陪别人玩！'母亲不说一句话。'我在学堂里苦苦用功，你却干这种事，妈，你好羞呀！'母亲只叫出'牛儿'两个字，就斜着身子俯在床上呜呜地哭起来了。母亲的哭声使我的心软了。我记起她怎样爱我，怎样体贴我，怎样每天晚上陪伴我温习功课。又怎样安慰我，鼓舞我。我便向她谢罪说：'妈，我错了，我不该对你说这些话，使你伤心，请饶恕我。'她不动，又过了一些时候她才抬起头，坐起来，叫我仍旧靠在她的身边。她悲声说：'牛儿，你没错。我要请你饶恕我。自从你爹死后，我心里就只有你。我活着也只是为了你。不是为你，我情愿跟你爹到地下去。你不记得你爹临死前说的话？他一定不让你作奴隶，要佛聽見母親對小主人說：'快走，快走，牛兒要回來了。'小主人說了幾句話，母親接着又說：'請你不要常來，常來會碰見牛兒的。請你開個恩，發個慈悲吧。'……"

"我走進了屋子，母親一個人坐在床沿上埋着頭在想什麼。我連忙奔到她的面前。她吃了一驚，臉漲得通紅，問：'你回來了？'"

"我緊緊抱着她的腿。我羞愧地憤怒地說：'媽，你好羞呀！爹死了不到一年，你就陪別人玩！'母親不說一句話。'我在學堂裏苦苦用功，你却幹這種事，媽，你好羞呀！'母親只叫出'牛兒'兩個字，就斜着身子俯在床上嗚嗚地哭起來了。母親的哭聲使我的心軟了。我記起她怎樣愛我，怎樣體貼我，怎樣每天晚上陪伴我溫習功課。又怎樣安慰我，鼓舞我。我便向她謝罪說：'媽，我錯了，我不該對你說這些話，使你傷心，請饒恕我。'她不動，又過了一些時候她才抬起頭，坐起來，叫我仍舊靠在她的身邊。她悲聲說：'牛兒，你沒錯。我要請你饒恕我。自從你爹死後，我心裏就只有你。我活着也只是爲了你。不是爲你，我情願跟你爹到地下去。你不記得你爹臨死前說的話？他一定不讓你作奴隸，要你读点书，好有个出头的日子。他舍了一条性命，我还舍不得一个身子吗？不知道是前世冤孽还是别的缘故，我在公馆里伺候太太、小姐的时候，大少爷就常常跟我胡缠。我当时总是设法避开他。你爹死了我搬出来以后，他又常常来找我。自然我知道他是拿我来开开心。他到别的地方去没有这么容易，也要怪我自己的脸子生得端正一点。如今我们拿他家的钱过活，你要读书，又离不了他家的钱。他这个人什么事都做得出来。我没法不答应他。……牛儿，请你饶恕我。为了使你读书，使你不再做奴隶，你妈是不顾惜这个身子的。'自然这些话都不是她的原句，我只记得大意罢了。"

"我把她抱得更紧。我觉得我更爱她，比从前更爱。我痛苦地说：'妈，太苦了你了，我以后不要读书了。我不能够让你再受这样大的痛苦。我以后再也不要读书了，我还是去做奴隶吧。'"

"她连忙用手蒙住我的嘴说：'不要乱说。你要读书，你要做一个好人。为了你读书，你妈妈吃一辈子的苦也情愿。'"

"母亲哭着把我劝了一个晚上，我终于听从了她的

116

你讀點書，好有個出頭的日子。他捨了一條性命，我還捨不得一個身子嗎？不知道是前世冤孽還是別的緣故，我在公館裏伺候太太、小姐的時候，大少爺就常常跟我胡纏。我當時總是設法避開他。你爹死了我搬出來以後，他又常常來找我。自然我知道他是拿我來開開心。他到別的地方去沒有這麼容易，也要怪我自己的臉子生得端正一點。如今我們拿他家的錢過活，你要讀書，又離不了他家的錢。他這個人什麼事都做得出來。我沒法不答應他。……牛兒，請你饒恕我。為了使你讀書，使你不再做奴隸，你媽是不顧惜這個身子的。’自然這些話都不是她的原句，我只記得大意罷了。”

“我把她抱得更緊。我覺得我更愛她，比從前更愛。我痛苦地說：‘媽，太苦了你了，我以後不要讀書了。我不能够讓你再受這樣大的痛苦。我以後再也不要讀書了，我還是去做奴隸吧。’”

“她連忙用手蒙住我的嘴說：‘不要亂說。你要讀書，你要做一個好人。為了你讀書，你媽媽吃一輩子的苦也情願。’”

“母親哭着把我勸了一個晚上，我終於聽從了她的话。第二天早晨我依旧上学校去读书，而且以后也不再提起不读书的话。我非常用功，我盲目地尽量吞食学校给我的知识。我相信在这些知识的彼岸便是我的光明的前途。我决定要努力实现父母的愿望把奴隶的血统终止。"

"然而痛苦的现实沉重地压在我的头上，过去又像鬼魂一般抓住我的心。生活太痛苦了，尤其是对一个想从奴隶的境地中努力爬起来的人。不过我还有希望，我还有母亲的爱和母亲的愿望。这可以鼓励我忍耐一切。

"自然小主人还常常来。我心里非常恨他，但是对他也没有什么表示。他走了以后母亲好像变了一个人。她总要哭许久，使我费许多工夫去安慰她。这样的生活如果多继续一些时候，我母亲早就死了。幸好过了四五个月光景小主人讨了一个年轻的姨太太，从此就不再到我家来了。母亲和平地同我在一起过了几年，一直到我来这里进大学的时候。"

（六）

"母亲死了以后到现在又有三年了。我没有一天忘记过她，我没有一天忘记过祖父和父亲。我常常想起他話。第二天早晨我依舊上學校去讀書，而且以後也不再提起不讀書的話。我非常用功，我盲目地盡量吞食學校給我的知識。我相信在這些知識的彼岸便是我的光明的前途。我決定要努力實現父母的願望把奴隸的血統終止。"

"然而痛苦的現實沉重地壓在我的頭上，過去又像鬼魂一般抓住我的心。生活太痛苦了，尤其是對一個想從奴隸的境地中努力爬起來的人。不過我還有希望，我還有母親的愛和母親的願望。這可以鼓勵我忍耐一切。

"自然小主人還常常來。我心裏非常恨他，但是對他也沒有什麼表示。他走了以後母親好像變了一個人。她總要哭許久，使我費許多工夫去安慰她。這樣的生活如果多繼續一些時候，我母親早就死了。幸好過了四五個月光景小主人討了一個年輕的姨太太，從此就不再到我家來了。母親和平地同我在一起過了幾年，一直到我來這裏進大學的時候。"

（六）

"母親死了以後到現在又有三年了。我沒有一天忘記過她，我沒有一天忘記過祖父和父親。我常常想起他们的卑贱的生存，我一点儿也不惭愧，我没有红过一次脸。我很骄傲我的祖先是奴隶，是的，我很骄傲。固然我的祖父被人诬为窃贼而上吊，我的父亲代人受罪病死在狱中，我的母亲被人奸污，但是你能够说他们身上有什么污点吗?他们害过什么人吗?……"他的话说得更急了。"是的，你会嘲笑他们，你会鄙视他们。要是你能够知道他们的心啊! 他们的黄金似的心，在你们那般人中间是找不出来的!"

"我常常在深夜不能够闭眼。我想着他们，我的心被一种思想折磨着。这并不是羞愧，这是愤怒。我想像着：这时候我安静地睡在床上，然而在别处还有那几百万、几千万的奴隶在悲泣他们的不幸的命运。他们就像我的祖父他们那样地生活，受苦。就在这时候，主人们已经沉醉在甜蜜的好梦里了，而他们，年老的被人诬为窃贼，等待着第二天早晨吊死的命运;壮年的被逼着替主人受罪，等着受刑;做母亲和做女儿的都睡在主人的怀里，任他们调笑;孩子们紧紧抱着父亲痛哭。这时候我的心里充满了恶毒的诅咒。我诅咒你们，我诅咒你们那般人。我要消灭你们，不留一个。你们害死我的祖父，們的卑賤的生存，我一點兒也不慚愧，我沒有紅過一次臉。我很驕傲我的祖先是奴隸，是的，我很驕傲。固然我的祖父被人誣爲竊賊而上吊，我的父親代人受罪病死在獄中，我的母親被人姦污，但是你能够說他們身上有什麼污點嗎?他們害過什麼人嗎?……"他的話說得更急了。"是的，你會嘲笑他們，你會鄙視他們。要是你能够知道他們的心啊! 他們的黃金似的心，在你們那般人中間是找不出來的!"

"我常常在深夜不能够閉眼。我想着他們，我的心被一種思想折磨着。這並不是羞愧，這是憤怒。我想像着：這時候我安静地睡在床上，然而在別處還有那幾百萬、幾千萬的奴隸在悲泣他們的不幸的命運。他們就像我的祖父他們那樣地生活，受苦。就在這時候，主人們已經沉醉在甜蜜的好夢裏了，而他們，年老的被人誣爲竊賊，等待着第二天早晨吊死的命運; 壯年的被逼着替主人受罪，等着受刑; 做母親和做女兒的都睡在主人的懷裏，任他們調笑; 孩子們緊緊抱着父親痛哭。這時候我的心裏充滿了惡毒的詛咒。我詛咒你們，我詛咒你們那般人。我要消滅你們，不留一個。你們害死我的祖父，

121

又买了我父亲的命，奸污了我的母亲。现在他们都死了，而你们还活着。我要向你们报复……"

他的样子变得更可怕了。他站起向我走过来。我吃了一惊，几乎要叫出声来，正要抵抗，他却走向窗前去了。他站在窗前，看着外面的景物，忽然把手指向外面一伸，愤怒地说："你看!"我随着他的手指看去，正看见对面的小高尔夫球场。球场里电灯燃得十分辉煌，两三个白衣侍仆在门口徘徊，一个半裸的外国女子在那里卖票。一对一对打扮得很漂亮的男女青年安闲地朝门里走去。

"我们整年整日辛苦地劳动，我们的祖父吊死在树上，我们的父亲病死在监牢里，我们的母亲、姊妹受人奸污，我们的孩子在痛哭。而那般人呀，从你们那般人中间找不出一个有良心的。"他的声音里含着无穷的愤怒，似乎整个阶级的多年来的痛苦都在他的声音里荡漾了。这个声音无情地鞭打着我的心。我的眼睛突然睁开了。我的眼前出现了许多幅悲惨的图画。我清楚地知道我家里有十六个奴隶，而且我记起来我曾经有意把奴隶的数目增加到三十二。十六，三十二，这些数字不住地又買了我父親的命，姦污了我的母親。現在他們都死了，而你們還活着。我要向你們報復……"

他的樣子變得更可怕了。他站起向我走過來。我吃了一驚，幾乎要叫出聲來，正要抵抗，他却走向窗前去了。他站在窗前，看着外面的景物，忽然把手指向外面一伸，憤怒地說："你看！"我隨着他的手指看去，正看見對面的小高爾夫球場。球場裏電燈燃得十分輝煌，兩三個白衣侍僕在門口徘徊，一個半裸的外國女子在那裏賣票。一對一對打扮得很漂亮的男女青年安閑地朝門裏走去。

"我們整年整日辛苦地勞動，我們的祖父吊死在樹上，我們的父親病死在監牢裏，我們的母親、姊妹受人姦污，我們的孩子在痛哭。而那般人呀，從你們那般人中間找不出一個有良心的。"他的聲音裏含着無窮的憤怒，似乎整個階級的多年來的痛苦都在他的聲音裏蕩漾了。這個聲音無情地鞭打着我的心。我的眼睛突然睜開了。我的眼前出現了許多幅悲慘的圖畫。我清楚地知道我家裏有十六個奴隸，而且我記起來我曾經有意把奴隸的數目增加到三十二。十六，三十二，這些數字不住地在我的眼前晃来晃去。我仿佛觉得我就是那个小主人，我在陷害人家的祖父，让人家的父亲代我受刑，奸污人家的母亲。我感到一种恐怖，好像有两只攫取捕获物的眼睛在我的身上转，我想我的末日到了。我不觉惊恐地叫了起来。

"郑，什么事？你在叫什么？"他温和地问。

我半晌说不出话，我只顾指眼睛。

"郑，你怕我吗？你知道我是不会害你的。"他苦笑着说。

这时候我已经镇静多了。我注意地看他的脸，那张脸上并没有凶恶的样子。我记起了他曾经救过我的生命。我惊疑地问："彭，你当初为什么要救我的命？我也是一个奴隶所有主，我也是你的仇人，你为什么不让我给汽车辗死呢？"

他苦笑着，半晌不作声，然后温和地说："大概我还有这颗奴隶的心吧。"

我静静地望着他，很想痛哭一场。

他看见我不说话，以为我不懂他的意思，便又解释道："把自己的幸福完全抛弃，去给别人谋幸福。为了在我的眼前晃來晃去。我仿佛覺得我就是那個小主人，我在陷害人家的祖父，讓人家的父親代我受刑，姦污人家的母親。我感到一種恐怖，好像有兩隻攫取捕獲物的眼睛在我的身上轉，我想我的末日到了。我不覺驚恐地叫了起來。

"鄭，什麼事? 你在叫什麼?" 他溫和地問。

我半晌說不出話，我只顧揩眼睛。

"鄭，你怕我嗎? 你知道我是不會害你的。" 他苦笑着說。

這時候我已經鎮靜多了。我注意地看他的臉，那張臉上並沒有凶惡的樣子。我記起了他曾經救過我的生命。我驚疑地問："彭，你當初為什麼要救我的命? 我也是一個奴隸所有主，我也是你的仇人，你為什麼不讓我給汽車輾死呢?"

他苦笑着，半晌不作聲，然後溫和地說："大概我還有這顆奴隸的心吧。"

我靜靜地望着他，很想痛哭一場。

他看見我不說話，以為我不懂他的意思，便又解釋道："把自己的幸福完全拋棄，去給別人謀幸福。為了别人甘愿把自己的性命牺牲，一点也不悔恨：这就是所谓奴隶的心吧。这颗心我的祖先传给我的祖父，祖父传给父亲，父亲又传给我了。"他用手指指着胸膛。我望过去，我仿佛看见一颗鲜红的大心在他的胸膛里跳动。我又回头看自己的胸膛。我的漂亮的法兰绒上衣遮住了一切。

"这颗奴隶的心，要到什么时候我才可以去掉这颗奴隶的心啊！"他的痛苦的声音直往我的耳边送。我连忙蒙住耳朵。我连这颗奴隶的心也没有！也许我竟是全然没有心的人。我的确被羞愧、恐怖、悲哀、昏乱压倒了。我甚至不知道他是什么时候走的。

以后我也不常跟他见面，因为他的举动渐渐地变得更古怪了。操场上很少有他的脚迹，也不看见他在校外散步。我常常在寝室里找他也找不到。我们终于疏远了。后来我也就忘记了他的故事。我有我的朋友，我有我的娱乐。我也进电影院，我也进跳舞场，我也和女朋友同去玩小高尔夫球。我跟朋友们谈起各人家里的奴隶时，我也很骄傲地说："我家里有十六个奴隶，而且我将来一定要把奴隶的数目增加到三十二个！"

別人甘願把自己的性命犧牲，一點也不悔恨：這就是所謂奴隸的心吧。這顆心我的祖先傳給我的祖父，祖父傳給父親，父親又傳給我了。"他用手指指着胸膛。我望過去，我彷彿看見一顆鮮紅的大心在他的胸膛裏跳動。我又回頭看自己的胸膛。我的漂亮的法蘭絨上衣遮住了一切。

"這顆奴隸的心，要到什麼時候我才可以去掉這顆奴隸的心啊！"他的痛苦的聲音直往我的耳邊送。我連忙蒙住耳朵。我連這顆奴隸的心也沒有！也許我竟是全然沒有心的人。我的確被羞愧、恐怖、悲哀、昏亂壓倒了。我甚至不知道他是什麼時候走的。

以後我也不常跟他見面，因爲他的舉動漸漸地變得更古怪了。操場上很少有他的脚迹，也不看見他在校外散步。我常常在寢室裏找他也找不到。我們終於疏遠了。後來我也就忘記了他的故事。我有我的朋友，我有我的娛樂。我也進電影院，我也進跳舞場，我也和女朋友同去玩小高爾夫球。我跟朋友們談起各人家裏的奴隸時，我也很驕傲地說："我家裏有十六個奴隸，而且我將來一定要把奴隸的數目增加到三十二個！"

　　我毕业以后不到几年的工夫，我的愿望果然实现了。我有了三十二个奴隶。他们忠心地服侍我们一家人。我快乐，我满足。我早把彭告诉我的奴隶的故事忘得干干净净了。

　　有一天我和妻子在花园里纳凉，五个奴隶在旁边伺候。我翻阅当天的报纸，偶尔在本埠新闻栏里发现一则枪毙革命党人的记事。这个革命党人的姓名跟彭的相同。我知道一定是他，一定是那个救过我的命而又被我忘记了的恩人。他那些被我忘却了多年的话又浮现在我的脑子里了。我想起他救过我的命的事情，总觉得歉然。我望着报纸想了一些时候，忍不住长叹了两声。

　　"亲爱的，你好好地为什么叹气？"妻伸过手来抚摩我的手，用她的温柔而惊讶的眼光看我。

　　"没有什么，我从前的一个同学死了。"我淡淡地回答道。我看见妻的充满爱情的美丽的脸和明亮的大眼睛，我把一切都忘掉了。

一九三一年

我畢業以後不到幾年的工夫，我的願望果然實現了。我有了三十二個奴隸。他們忠心地服侍我們一家人。我快樂，我滿足。我早把彭告訴我的奴隸的故事忘得乾乾淨淨了。

有一天我和妻子在花園裏納涼，五個奴隸在旁邊伺候。我翻閱當天的報紙，偶爾在本埠新聞欄裏發現一則槍斃革命黨人的記事。這個革命黨人的姓名跟彭的相同。我知道一定是他，一定是那個救過我的命而又被我忘記了的恩人。他那些被我忘却了多年的話又浮現在我的腦子裏了。我想起他救過我的命的事情，總覺得歉然。我望着報紙想了一些時候，忍不住長嘆了兩聲。

"親愛的，你好好地爲什麼嘆氣?"妻伸過手來撫摩我的手，用她的温柔而驚訝的眼光看我。

"沒有什麼，我從前的一個同學死了。"我淡淡地回答道。我看見妻的充滿愛情的美麗的臉和明亮的大眼睛，我把一切都忘掉了。

一九三一年

讨论问题:

1.什么是奴隶的心?

2.故事中的"我"是怎么看待奴隶和奴隶所有主的?

3.为什么成为革命党的往往是奴隶而不是奴隶主?奴隶和革命党之间有什么直接的关系?

4."奴隶"的故事对作者有什么触动?

5.奴隶的心和奴隶所有主的心有什么异同?如果奴隶们起来反抗,会有什么结果?

6.人与人之间的不平等是由什么造成的?

討論問題:

1.什麼是奴隸的心?

2.故事中的“我”是怎麼看待奴隸和奴隸所有主的?

3.爲什麼成爲革命黨的往往是奴隸而不是奴隸主?奴隸和革

命黨之間有什麼直接的關係?

4.“奴隸”的故事對作者有什麼觸動?

5.奴隸的心和奴隸所有主的心有什麼異同?如果奴隸們起來

反抗，會有什麼結果?

6.人與人之間的不平等是由什麼造成的?

（七）
手

-萧　红-

背景简介:

　　萧红（1911-1942）原名张乃莹，是三十年代中国著名的女作家，黑龙江呼兰县人，1911年出生在一个地主家庭。1942年病逝于香港。1935年完成了小说《生死场》（鲁迅曾为之作序并给予很高的评价），是一部最早反映东北人民在日本帝国主义统治下的生活和斗争的作品。她的作品是一种介于小说和散文之间的新型文学式样。一般评论家都认为〈手〉是萧红作品中艺术水平最高的一篇，描写一个来自贫困家庭的女孩如何不屈不挠地与环境奋斗。

　　故事中的"我"是一个冷眼的旁观者。她默默地凝视着人间的不平、苦痛和无边的冷漠。王亚明，这个不幸但倔强的女主角,她的憨厚和努力终究敌不过那贫穷所带来的残酷。

　　〈手〉写于1936年，收入《中国现代作家选集: 萧红》（香港: 三联，1982），页75-91。

（七）
手

-蕭　紅-

Xiao Hong (1911-1942), original name, Zhang Naiying, was a famous woman writer in the 1930's. A native of Hulan County, in Heilongjiang, she was born to a landlord family in 1911 and died in Hong Kong in 1942. Her novel, *Field of Life and Death* , was completed in 1935 (Lu Xun wrote the preface to this work and praised it highly). This novel was one of the earliest to reflect life and struggle in Manchuria under Japanese Imperialism. The style of her work combined the short story and the essay. Most critics consider "Hand" to be Xiao Hong's greatest short story. "Hand" tells the story of a girl from a poverty stricken family who struggles relentlessly and persistently against her surroundings.

The "me " in the story is an objective observer. She silently notes the inequalities, the pain, and the endless indifference of society . Despite her honesty and effort, Wang Yaming, the unfortunate but strong protagonist, still could not overcome the cruelty of poverty.

"Hand" was written in 1936, and is included in *Zhongguo xiandai zuojia xuanji*: *Xiao Hong* (Hong Kong: Sanlian. 1982), pp.75-90.

（七）

手

-萧 红-

在我们的同学中，从来没有见过这样的手：蓝的、黑的、又好像紫的;从指甲一直变到手腕以上。

她初来的几天，我们叫她"怪物"。下课以后大家在地板上跑着也总是绕着她。但关于她的手，谁也没去问过。

教师在点名，我们越忍越忍不住，非笑不可了。

"李洁!" "到。"

"张楚芳!" "到。"

"徐桂真!" "到。"

迅速而有规律地站起来一个，又坐下去一个。但每次一喊到王亚明的地方，就要费一些时间了。

"王亚明，王亚明…叫到你啦!"别的同学有时要催促她，于是她才站起来，把两只青手垂得很直，肩头落下去，面向着天花板说：

"到，到，到。"

（七）
手

-蕭　紅-

在我們的同學中，從來沒有見過這樣的手：藍的、黑的、又好像紫的;從指甲一直變到手腕以上。

她初來的幾天，我們叫她"怪物"。下課以後大家在地板上跑着也總是繞着她。但關於她的手，誰也沒去問過。

教師在點名，我們越忍越忍不住，非笑不可了。

"李潔!" "到。"

"張楚芳!" "到。"

"徐桂真!" "到。"

迅速而有規律地站起來一個，又坐下去一個。但每次一喊到王亞明的地方，就要費一些時間了。

"王亞明，王亞明...叫到你啦!"別的同學有時要催促她，於是她才站起來，把兩隻青手垂得很直，肩頭落下去，面向着天花板說：

"到，到，到。"

不管同学怎样笑她，她一点不感到慌乱，仍旧弄得椅子响，庄严地，似乎费掉几分钟才坐下去。

有一天上英文课的时候，英文老师笑得把眼镜脱下来，擦着眼睛：

"你下次不要再答'黑耳'了，就答'到'吧!"

第二天的英文课，喊到王亚明时，我们又听到了"黑耳 —— 黑 —— 耳。"

"你从前学过英文没有?"英文老师把眼镜移动了一下。

"不就是那英国话吗?学是学过的，是个麻子脸先生教的…铅笔叫'喷丝儿'，钢笔叫'盆'。可是没学过'黑耳'。"

"Here 就是'这里'的意思。你读：here! here!"

"喜儿，喜儿。"她又读起"喜儿"来了。这样的怪读法，全课堂都笑得颤栗起来。可是王亚明她自己却安然地坐下去，青色的手开始翻着书页，并且低声读了起来：

"华提…贼死…阿儿…"

不管同學怎樣笑她，她一點不感到慌亂，仍舊弄得椅子響，莊嚴地，似乎費掉幾分鐘才坐下去。

有一天上英文課的時候，英文老師笑得把眼鏡脫下來，擦着眼睛：

"你下次不要再答'黑耳'了，就答'到'吧！"

第二天的英文課，喊到王亞明時，我們又聽到了"黑耳 ── 黑 ── 耳。"

"你從前學過英文沒有？"英文老師把眼鏡移動了一下。

"不就是那英國話嗎？學是學過的，是個麻子臉先生教的...鉛筆叫'噴絲兒'，鋼筆叫'盆'。可是沒學過'黑耳'。"

"Here　就是'這裏'的意思。你讀：here！here！"

"喜兒，喜兒。"她又讀起"喜兒"來了。這樣的怪讀法，全課堂都笑得顫慄起來。可是王亞明她自己却安然地坐下去，青色的手開始翻着書頁，並且低聲讀了起來：

"華提...賊死...阿兒..."

午餐的桌上，那青色的手已经抓到了馒头，她还想着地理课本："墨西哥产白银...云南...唔，云南的大理石。"

夜里她躲在厕所里边读书。天将明的时候，她就坐在楼梯口。只要有一点光亮的地方，我常遇到她。有一天，落着大雪的早晨，窗外的树枝挂着白绒似的穗头。在宿舍的长筒过道的尽头，窗台上似乎有人睡在那里了。

"谁呢?这地方这么凉!"我的皮鞋拍打着地板，发出一种空洞的嗡声。因为是星期日的早晨，整个学校在特有的安宁里。还没走到她旁边，我就看到那摊在膝头上的书页被风翻动着。

"这是谁呢?礼拜日还这样用功!"正要唤醒她，忽然看到那青色的手了。

"王亚明，嗳...醒醒吧..."我还没有直接招呼过她的名字，感到生涩和直硬。

"喝喝...睡着啦!"她每逢说话总是先钝重的笑笑。

"华提...贼死，右...爱..."她还没找到书上午餐的桌上，那青色的手已經抓到了饅頭，她還想着地理課本：「墨西哥產白銀...雲南...唔，雲南的大理石。」

夜裏她躲在厠所裏邊讀書。天將明的時候，她就坐在樓梯口。只要有一點光亮的地方，我常遇到她。有一天，落着大雪的早晨，窗外的樹枝掛着白絨似的穗頭。在宿舍的長筒過道的盡頭，窗台上似乎有人睡在那裏了。

「誰呢？這地方這麽涼！」我的皮鞋拍打着地板，發出一種空洞的嗡聲。因爲是星期日的早晨，整個學校在特有的安寧裏。還沒走到她旁邊，我就看到那攤在膝頭上的書頁被風翻動着。

「這是誰呢？禮拜日還這樣用功！」正要喚醒她，忽然看到那青色的手了。

「王亞明，噯...醒醒吧...」我還沒有直接招呼過她的名字，感到生澀和直硬。

「喝喝...睡着啦！」她每逢說話總是先鈍重的笑笑。

「華提...賊死，右...愛...」她還沒找到書上的字就读起来。

"华提…贼死，这英国话，真难…这个，曲里拐弯的，好像长虫爬在脑子里，越爬越糊涂，越爬越记不住。英文老师说不难不难，我看你们也不难。我的脑筋笨,乡下人的脑筋没有你们那样灵活，我的父亲还不如我。他说他年轻的时候，就记他这个"王"字,记了半顿饭的工夫还没记住。右…爱…右…阿儿…"说完一句话，在末尾不相干的地方她又读起单字来。 →没有关系。

他的父亲第一次来看她的时候，说她胖了：

"妈的，吃胖了。这里吃的比自家的好，是不是?好好干吧! 干下三年来，不成圣人，也总算明白明白人情大道理。"在课堂上，一个星期之内，人们都学着王亚明的父亲。第二次，她的父亲又来看她，她向她父亲要一双手套。

"就把我这副给你吧! 书，好好念书，要一副手套还没有吗?…要戴就先戴这副，开春啦! 我又不常出什么门。明子，冬天咱们再买,是不是?明子!"在接见室的门口嚷嚷着，四周已经围满了同学。他的字就讀起來。

"華提...賊死，這英國話，真難...這個，曲裏拐彎的，好像長蟲爬在腦子裏，越爬越糊塗，越爬越記不住。英文老師說不難不難，我看你們也不難。我的腦筋笨,鄉下人的腦筋沒有你們那樣靈活，我的父親還不如我。他說他年輕的時候，就記他這個"王"字,記了半頓飯的工夫還沒記住。右...愛...右...阿兒..."說完一句話，在末尾不相干的地方她又讀起單字來。

他的父親第一次來看她的時候，說她胖了：

"媽的，吃胖了。這裏吃的比自家的好，是不是?好好幹吧! 幹下三年來，不成聖人，也總算明白明白人情大道理。"在課堂上，一個星期之內，人們都學着王亞明的父親。第二次，她的父親又來看她，她向她父親要一雙手套。

"就把我這副給你吧! 書，好好念書，要一副手套還沒有嗎?...要戴就先戴這副，開春啦! 我又不常出什麼門。明子，冬天咱們再買,是不是?明子!"在接見室的門口嚷嚷着，四周已經圍滿了同學。他又喊着明子明子的，说了一些事情。

"三妹妹到二姨家去串门啦，去了两三天啦！小肥猪每天又多加两把豆子，胖得那样你没看见，耳朵都大了，...姐姐又来家腌了两罐子咸葱..."

正讲得他流汗的时候，女校长穿过人群站到前面去：

"请到接见室里面坐吧..."

"不用了，不用了，耽误工夫，我也是不行的，我还要去赶火车...赶回去，家里一群孩子，放不下心..."他把皮帽子拿在手上，向校长点着头，头上冒着气，推开门就出去了，好像校长把他赶走似的。

在阅报室里，王亚明问我：

"你说，是吗？到接见室坐下谈话就要钱吗？"

"哪里要钱！要什么钱！"

"我父亲说的。他说接见室里摆着茶壶和茶碗，若进去，恐怕校役就给倒茶了，倒茶就要钱了。我说不要，他不信。他说连小店进去喝一碗水也多少得赏点钱，何况学堂呢？学堂是多么大的地方啊！"

校长已说过她几次：

又喊着明子明子的，說了一些事情。

"三妹妹到二姨家去串門啦，去了兩三天啦!
小肥豬每天又多加兩把豆子，胖得那樣你没看見，
耳朵都大了，...姐姐又來家醃了兩罐子鹹葱..."

正講得他流汗的時候，女校長穿過人群站到前
面去：

"請到接見室裏面坐吧..."

"不用了，不用了，耽誤工夫，我也是不行的，
我還要去趕火車...趕回去，家裏一群孩子，放不下
心..."他把皮帽子拿在手上，向校長點着頭，頭上
冒着氣，推開門就出去了,好像校長把他趕走似的。

在閱報室裏，王亞明問我：

"你説，是嗎?到接見室坐下談話就要錢嗎?"

"哪裏要錢! 要什麽錢!"

"我父親説的。他説接見室裏擺着茶壺和茶碗，
若進去，恐怕校役就給倒茶了，倒茶就要錢了。我
説不要，他不信。他説連小店進去喝一碗水也多少
得賞點錢，何況學堂呢?學堂是多麽大的地方啊!"

校長已説過她幾次：

　　"你的手，就洗不净了吗? 多加点肥皂! 好好洗洗，用热水烫一烫。早操的时候，在操场上竖起来的几百条手臂都是白的，就是你,特别呀! 真特别。"女校长用她贫血得和化石一般透明的手指去触动王亚明的青色手。看那样子，她好象是害怕，好像微微有点抑止着呼吸，就如同让她去接触黑色的已经死掉的鸟类似的。"是褪得很多了，手心可以看到皮肤了，比你来的时候强得多。那时候，那简直是铁手...你的功课赶得上了吗? 多用点功。以后，早操你就不用上了。学校的墙很低，春天里散步的外国人又多，他们常常停在墙外看的。等你的手褪掉颜色再上早操吧!"校长告诉她，停止了她的早操。

　　"我已经向父亲要了手套，戴了手套不就看不见了吗?"她打开书箱，取出她父亲的手套来。

　　校长笑得发着咳嗽，那贫血的面孔立刻出现了红的颜色："不必了! 既然是不整齐，戴手套也是不整齐。"

　　假山上的雪消融了，校役把铃似乎也打得更响了些。窗前的杨树抽着芽，操场好像冒着烟似的，

144

"你的手，就洗不淨了嗎？多加點肥皂！好好洗洗，用熱水燙一燙。早操的時候，在操場上豎起來的幾百條手臂都是白的，就是你,特別呀! 真特別。"女校長用她貧血得和化石一般透明的手指去觸動王亞明的青色手。看那樣子，她好像是害怕，好像微微有點抑止着呼吸，就如同讓她去接觸黑色的已經死掉的鳥類似的。"是褪得很多了，手心可以看到皮膚了，比你來的時候強得多。那時候，那簡直是鐵手...你的功課趕得上了嗎？多用點功。以後，早操你就不用上了。學校的牆很低，春天裏散步的外國人又多，他們常常停在牆外看的。等你的手褪掉顏色再上早操吧!"校長告訴她，停止了她的早操。

"我已經向父親要了手套，戴了手套不就看不見了嗎？"她打開書箱，取出她父親的手套來。

校長笑得發着咳嗽，那貧血的面孔立刻出現了紅的顏色："不必了! 既然是不整齊，戴手套也是不整齊。"

假山上的雪消融了，校役把鈴似乎也打得更響了些。窗前的楊樹抽着芽，操場好像冒着烟似的，

（七）手

被太阳蒸发着。上早操的时候，那指挥官的口笛振鸣得也远了，和窗外树丛中的人家起着回应。

正当早操刚结束的时候，忽然听到楼窗口有人在招呼什么：

"好暖和的太阳！你们热了吧？你们…"在抽芽的杨树后面，那窗口站着王亚明。

杨树已经长满了绿叶，满院结成了荫影的时候，王亚明却渐渐变成了干缩，眼睛的边缘发着绿色。耳朵似乎也薄了一些。至于她的肩头一点也不再显出蛮野和强壮。当她偶然出现在树荫下，那开始陷下的胸部使我立刻想到了生肺病的人。

我们从来没有看到她哭过。大风在窗外倒拔着杨树的那天，她背向着教室，也背向着我们，对着窗外的大风哭了。那是那些参观的人走了以后的事情，她用她那已经开始褪色的青手抹着眼泪。

"还哭！还哭什么？来了参观的人，还不躲开！你自己看看，谁像你这么特别！两只蓝手还不说，你看看你这件上衣，快变成灰的了！别人都是蓝上衣，哪有你这样特别！太旧的衣裳颜色是不整齐的…"

146

被太陽蒸發着。上早操的時候，那指揮官的口笛振鳴得也遠了，和窗外樹叢中的人家起着回應。

正當早操剛結束的時候，忽然聽到樓窗口有人在招呼什麼：

"好暖和的太陽! 你們熱了吧? 你們..."在抽芽的楊樹後面，那窗口站着王亞明。

楊樹已經長滿了綠葉，滿院結成了陰影的時候，王亞明却漸漸變成了乾縮，眼睛的邊緣發着綠色。耳朵似乎也薄了一些。至於她的肩頭一點也不再顯出蠻野和强壯。當她偶然出現在樹陰下，那開始陷下的胸部使我立刻想到了生肺病的人。

我們從來沒有看到她哭過。大風在窗外倒拔着楊樹的那天，她背向着教室，也背向着我們，對着窗外的大風哭了。那是那些參觀的人走了以後的事情，她用她那已經開始褪色的青手抹着眼淚。

"還哭! 還哭什麼? 來了參觀的人，還不躲開! 你自己看看，誰像你這麼特別! 兩隻藍手還不說，你看看你這件上衣，快變成灰的了! 別人都是藍上衣,哪有你這樣特別! 太舊的衣裳顏色是不整齊的..."

（七）手

校长一面说着，一面用她惨白的手去撕着王亚明的领口："我是叫你下楼，等参观的走了再上来，谁叫你就站在过道呢？在过道，你想想，他们看不到你吗？你倒戴起了这样大的一副手套…"

说到"手套"的时候，校长的黑色漆皮鞋，那晶亮的鞋尖踢了一下已经落到地板上的一只：

"你觉得你戴上了手套站在这地方就十分好了吗？这叫什么玩艺？"她又在手套上踏了一下。看到那和马车夫一样肥大的手套，她抑止不住地笑出声来了。

王亚明哭了这一次，好像风声都停止了，她还没有停止。

暑假以后，她又来了。夏末简直和秋天一样凉爽。黄昏以前的太阳染在马路上，使那些铺路的石块都变成了朱红色。就是这时候，王亚明坐的马车哗啦哗啦地跑来了。她的父亲搬着行李，她抱着面盆和一些零碎走上台阶来。我们并不立刻为她闪开，有的说着："来啦! 你来啦!"有的完全向她张着嘴。

等她父亲腰带上挂着的白毛巾一抖一抖地走上

148

校長一面説着，一面用她慘白的手去撕着王亞明的領口："我是叫你下樓，等參觀的走了再上來，誰叫你就站在過道呢?在過道，你想想，他們看不到你嗎?你倒戴起了這樣大的一副手套..."

説到"手套"的時候，校長的黑色漆皮鞋，那晶亮的鞋尖踢了一下已經落到地板上的一隻:

"你覺得你戴上了手套站在這地方就十分好了嗎?這叫什麼玩藝?"她又在手套上踏了一下。看到那和馬車夫一樣肥大的手套，她抑止不住地笑出聲來了。

王亞明哭了這一次，好像風聲都停止了，她還沒有停止。

暑假以後，她又來了。夏末簡直和秋天一樣凉爽。黃昏以前的太陽染在馬路上，使那些鋪路的石塊都變成了朱紅色。就是這時候，王亞明坐的馬車嘩啦嘩啦地跑來了。她的父親搬着行李，她抱着面盆和一些零碎走上台階來。我們並不立刻爲她閃開，有的説着:"來啦! 你來啦!"有的完全向她張着嘴。

等她父親腰帶上掛着的白毛巾一抖一抖地走上

了台阶，就有人说:

"怎么?在家住了一个暑假，她的手又黑了?那不是和铁一样了吗?"

秋季以后，宿舍搬家的那天，我才真正注意到这铁手。我似乎睡着了，但能听到隔壁在吵着：

"我不要她，我不和她并床..."

"我也不和她并床!"

我再细听了一些时候，就什么也听不清了。夜里我偶然起来到过道去喝了一次水。长椅上睡了一个人，立刻就被我认了出来，那是王亚明。两只黑手遮着脸孔，被子一半脱落在地板上，一半挂在她脚上。我想她一定又是借着过道的灯光读书，可是她的旁边也没有什么书本，并且她的包袱和一些零碎就在地板上围绕着她。

第二天的夜晚，校长走在王亚明的前面，一面走一面响着鼻子。她用她的细手推动那一些连成排的铺平的白床单：

"这里，这里的一排七张床，只睡八个人! 六张床还睡九个呢!"她翻着那被子,把它推开一点,

了台階，就有人說:

"怎麽?在家住了一個暑假，她的手又黑了?那不是和鐵一樣了嗎?"

秋季以後，宿舍搬家的那天，我才真正注意到這鐵手。我似乎睡着了，但能聽到隔壁在吵着:

"我不要她，我不和她並床..."

"我也不和她並床!"

我再細聽了一些時候，就什麽也聽不清了。夜裏我偶然起來到過道去喝了一次水。長椅上睡了一個人，立刻就被我認了出來，那是王亞明。兩隻黑手遮着臉孔，被子一半脫落在地板上，一半掛在她脚上。我想她一定又是藉着過道的燈光讀書，可是她的旁邊也沒有什麽書本，並且她的包袱和一些零碎就在地板上圍繞着她。

第二天的夜晚，校長走在王亞明的前面，一面走一面響着鼻子。她用她的細手推動那一些連成排的鋪平的白床單:

"這裏，這裏的一排七張床，只睡八個人! 六張床還睡九個呢! "她翻着那被子，把它推開一點，

（七）手

让王亚明把被子就夹在这地方。

她铺好了被褥，坐在床上张着嘴，把下巴微微向前抬起一点，像是安然和舒畅在镇压着她似的。校长已经下楼了，或者已经离开了宿舍回家去了。但，舍监这老太太，鞋子在地板上擦着，头发完全失掉了光泽，她跑来跑去：

"我说，这也不行…不讲卫生，身上生着虫类，什么人不想躲开她呢？"她又向角落里走了几步，我看到她的白眼球好象对着我似的："看这被子吧！你们去嗅一嗅！隔着二尺远都有气味了…挨着她睡觉，滑稽不滑稽！谁知道…虫类不会爬满身吗？去看看，那棉花都黑成什么样子啦！"她说话总离不了"不卫生，滑稽不滑稽…肮脏"。她叫虱子特别要叫虫类。

"这样的学生，我看校长可真是…可真是要得多余…"打过熄灯铃以后，舍监还在过道里和别的一些同学在说着。

第三天夜晚，王亚明又提着包袱，卷着行李，前面又走着白脸的校长。

讓王亞明把被子就夾在這地方。

她鋪好了被褥，坐在床上張着嘴，把下巴微微向前抬起一點，像是安然和舒暢在鎮壓着她似的。校長已經下樓了，或者已經離開了宿舍回家去了。但，舍監這老太太，鞋子在地板上擦着，頭髮完全失掉了光澤，她跑來跑去：

"我說，這也不行…不講衛生，身上生着蟲類，什麼人不想躲開她呢?"她又向角落裏走了幾步，我看到她的白眼球好像對着我似的："看這被子吧!你們去嗅一嗅!隔着二尺遠都有氣味了…挨着她睡覺，滑稽不滑稽!誰知道…蟲類不會爬滿身嗎?去看看，那棉花都黑成什麼樣子啦!"她說話總離不了"不衛生，滑稽不滑稽…骯髒"。她叫虱子特別要叫蟲類。

"這樣的學生，我看校長可真是…可真是要得多餘.."打過熄燈鈴以後，舍監還在過道裏和別的一些同學在說着。

第三天夜晚，王亞明又提着包袱，捲着行李，前面又走着白臉的校長。

（七）手

"我们不要，我们的人数够啦！"

校长的指甲还没接触到她们的被边时，她们就嚷起来，并且换了一排床铺也是嚷了起来："我们的人数也够啦！还多了呢！六张床，九个人，还能再加吗？"

以后，这黑手人就睡在过道的长椅上。我起得早的时候，就遇到她在卷着行李，并且提着行李下楼去。

"惯了！椅子也一样睡，就是地板也一样。睡觉的地方就是睡觉，管什么好歹！念书是要紧的…我的英文，不知道在考试的时候，马先生能给我多少分数？不够六十分，年底要留级的吗？"

"不要紧，一门不会留级。"我说。

"爹爹可是说啦！三年毕业，再多半年，他不能供给我学费…这英国话，我的舌头可真转不过弯来。喝喝…"

全宿舍的人都在厌烦她，因为她夜里总是咳嗽着…同时她开始用颜料染着袜子和上衣。

"衣裳旧了，染染差不多和新的一样。比方，

154

"我們不要，我們的人數够啦!"

校長的指甲還没接觸到她們的被邊時，她們就嚷起來，並且換了一排床鋪也是嚷了起來：
"我們的人數也够啦! 還多了呢! 六張床，九個人，還能再加嗎?"

以後，這黑手人就睡在過道的長椅上。我起得早的時候，就遇到她在捲着行李，並且提着行李下樓去。

"慣了! 椅子也一樣睡，就是地板也一樣。睡覺的地方就是睡覺，管什麽好歹! 念書是要緊的…我的英文，不知道在考試的時候，馬先生能給我多少分數?不够六十分，年底要留級的嗎?"

"不要緊，一門不會留級。"我説。

"爹爹可是説啦! 三年畢業，再多半年，他不能供給我學費…這英國話，我的舌頭可真轉不過彎來。喝喝…"

全宿舍的人都在厭煩她，因爲她夜裏總是咳嗽着…同時她開始用顏料染着襪子和上衣。

"衣裳舊了，染染差不多和新的一樣。比方，夏季制服，染成灰色就可以当秋季制服穿…比方，买白袜子，把它染成黑色，就可以…"

"为什么你不买黑袜子呢?"我问她。

"黑袜子，他们是用机器染的，矾太多…不结实，一穿就破…还是咱们自己家染的好…一双袜子好几毛钱…破了就破了，还得了吗?"

礼拜六的晚上，同学们用小铁锅煮鸡子，每个礼拜六差不多总是这样，她们要动手烧一点东西来吃。用小铁锅煮好的鸡子，我也看到的，是黑的。那端着鸡子的同学，几乎把眼镜咆哮得掉落下来：

"谁干的好事! 谁?这是谁?"

王亚明来到了厨房，她嘴里喝喝的：

"是我，我不知道这锅还有人用，我用它染了两双袜子…喝喝…我去…"

"你去干什么?你去…"

"我去洗洗它!"

"染臭袜子的锅还能煮鸡子吃!?还要它?"

铁锅就当着众人在地板上光郎光郎地跳着，人咆哮着，戴眼镜的同学把黑色的鸡子好像抛石头似

夏季制服，染成灰色就可以當秋季制服穿…比方，

買白襪子，把它染成黑色，就可以…"

"爲什麼你不買黑襪子呢?"我問她。

"黑襪子，他們是用機器染的，礬太多…不結

實，一穿就破…還是咱們自己家染的好…一雙襪

子好幾毛錢…破了就破了，還得了嗎?"

禮拜六的晚上，同學們用小鐵鍋煮雞子，每個

禮拜六差不多總是這樣，她們要動手燒一點東西來

吃。用小鐵鍋煮好的雞子，我也看到的，是黑的。

那端着雞子的同學，幾乎把眼鏡咆哮得掉落下來：

"誰幹的好事! 誰? 這是誰?"

王亞明來到了廚房，她嘴裏喝喝的：

"是我，我不知道這鍋還有人用，我用它染了

兩雙襪子…喝喝…我去…"

"你去幹什麼? 你去…"

"我去洗洗它!"

"染臭襪子的鍋還能煮雞子吃!? 還要它?"

鐵鍋就當着衆人在地板上光郎光郎地跳着，人

咆哮着，戴眼鏡的同學把黑色的雞子好像拋石頭似

的用力抛在地上。

冬天，下雪的夜里，从学校出发到宿舍去，经过的小街完全被雪片占据了。我们向前冲着，扑着。清早，照例又要从宿舍出发。在十二月里，每个人的脚都冻木了，虽然跑着也要冻木的。所以我们咒诅和怨恨，甚至于有的同学骂校长是"混蛋"，不应该让宿舍离学校这样远，不应该让学生天还不亮就从宿舍出发。

记不得哪一个早晨，我带着还没读过的小说，走出了宿舍。我越看远处模糊不清的房子，越听后面扫着的风雪，就越害怕起来。星光是那样微小，月亮也许落下去了，也许被灰色的和土色的云所遮蔽。我希望有一个过路人出现，但又害怕那过路的人，因为在没有月亮的夜里，只能听到声音而看不见人，等一看见人影，就像从地面突然长起来似的。

我踏上了学校门前的石阶，心脏仍在发热。在按铃的手，似乎已经失去了力量。突然石阶又有一个人走上来了。

"谁？谁？"

的用力拋在地上。

冬天，下雪的夜裏，從學校出發到宿舍去，經過的小街完全被雪片占據了。我們向前衝着，撲着。清早，照例又要從宿舍出發。在十二月裏，每個人的腳都凍木了，雖然跑着也要凍木的。所以我們咒詛和怨恨，甚至於有的同學罵校長是"混蛋"，不應該讓宿舍離學校這樣遠，不應該讓學生天還不亮就從宿舍出發。

記不得哪一個早晨，我帶着還没讀過的小說，走出了宿舍。我越看遠處模糊不清的房子，越聽後面掃着的風雪，就越害怕起來。星光是那樣微小，月亮也許落下去了，也許被灰色的和土色的雲所遮蔽。我希望有一個過路人出現，但又害怕那過路的人，因爲在没有月亮的夜裏，只能聽到聲音而看不見人，等一看見人影，就像從地面突然長起來似的。

我踏上了學校門前的石階，心臟仍在發熱。在按鈴的手，似乎已經失去了力量。突然石階又有一個人走上來了。

"誰?誰?"

"我！是我。"是王亚明。

"你就走在我后面吗?"因为一路上我并没有听到另外的脚步声，这使我更害怕起来。

"不，我没走在你的后面，我来了好半天了。校役他不给开门，我招呼了不知道有多久了。"

"你没按过铃吗?"

"按铃也没有用，喝喝，校役开了灯，来到门口，隔着玻璃向外看看...可是到底他不给开。"

里边的灯亮起来，一边骂着似的光郎郎郎的把门给开了：

"半夜三更叫门...该不及格不是一样不及格吗?"

"干什么?你说什么?"我这话还没有说完，校役就改变了态度：

"您叫门叫了好半天了吧?"

我和王亚明一直走进了地下室。她咳嗽着，她的脸色苍黄，颤索了好一些时候。被风吹得挂下来的眼泪还停留在脸上，她就打开了课本。

"校役为什么不给你开门?"我问。

"谁知道?他说来得太早，让我回去，后来他

160

"我! 是我。"是王亞明。

"你就走在我後面嗎?"因為一路上我並沒有聽到另外的腳步聲，這使我更害怕起來。

"不，我沒走在你的後面，我來了好半天了。校役他不給開門，我招呼了不知道有多久了。"

"你沒按過鈴嗎?"

"按鈴也沒有用，喝喝，校役開了燈，來到門口，隔着玻璃向外看看...可是到底他不給開。"

裏邊的燈亮起來，一邊罵着似的光郎郎郎的把門給開了：

"半夜三更叫門...該不及格不是一樣不及格嗎?"

"幹什麼? 你説什麼?"我這話還沒有説完，校役就改變了態度：

"您叫門叫了好半天了吧?"

我和王亞明一直走進了地下室。她咳嗽着，她的臉色蒼黄，顫索了好一些時候。被風吹得掛下來的眼淚還停留在臉上，她就打開了課本。

"校役為什麼不給你開門?"我問。

"誰知道? 他説來得太早，讓我回去，後來他又说是校长的命令。"

"你等了多少时候了?"

"不算多大工夫，等一会，就等一会。一顿饭这个样子。喝喝..."

有一个星期日，宿舍里面空空的，我大声读着《屠场》里女工马利亚昏倒在雪地上的那段，我一面看着窗外的雪地一面读着，觉得很感动。王亚明站在我后面，我一点也不知道。

"你有什么看过的书，也借给我一本。下雪天气，实在沉闷，本地又没有亲戚，上街又没有什么买的，又要花车钱..."

"你父亲很久不来看你了吗?"我以为她是想家了。

"哪能来! 火车钱，一个来回就是两块多..."

我就把《屠场》放在她的手上，因为我已经读过了。

以后，我不记得是哪一天，也许又是什么假日，总之，宿舍里是空朗朗的，一直到月亮已经照上窗子，全宿舍依然在寂静中。我听到床头有沙沙的声又說是校長的命令。"

"你等了多少時候了?"

"不算多大工夫,等一會,就等一會。一頓飯這個樣子。喝喝..."

有一個星期日,宿舍裏面空空的,我大聲讀着《屠場》裏女工馬利亞昏倒在雪地上的那段,我一面看着窗外的雪地一面讀着,覺得很感動。王亞明站在我後面,我一點也不知道。

"你有什麼看過的書,也借給我一本。下雪天氣,實在沉悶,本地又沒有親戚,上街又沒有什麼買的,又要花車錢..."

"你父親很久不來看你了嗎?"我以爲她是想家了。

"哪能來! 火車錢,一個來回就是兩塊多..."

我就把《屠場》放在她的手上,因爲我已經讀過了。

以後,我不記得是哪一天,也許又是什麼假日,總之,宿舍裏是空朗朗的,一直到月亮已經照上窗子,全宿舍依然在寂靜中。我聽到床頭有沙沙的聲音，好象什么人在我的床头摸索着。我转过头去，在月光下我看到了王亚明的黑手，把我借给她的那本书放在我的旁边。

我问她："看得有趣吗?好吗?"

起初，她并不回答我，后来她把脸孔用手掩住，她的头发好象在抖着似的，她说：

"好。"

我听她的声音好像也在抖着，于是我坐了起来。她却逃开了，用那和头发一样颜色的手横在脸上。

"马利亚，真像有这个人一样。她倒在雪地上，我想她没有死吧?她不会死吧?...那医生知道她是没有钱的人，就不给她看病...喝喝!"她用很高的声音笑了，借着笑的抖动眼泪才滚落下来：

"我也去请过医生，我母亲生病的时候。你看那医生他来吗?他先问我要马车钱,我说钱在家里，先坐车来吧!人要不行了...你看他来吗?他站在院心问我：'你家是干什么的?你家开染缸房吗?'不知为什么，一告诉他是开染缸房的，他就拉开门进屋去了...我等他，他没有出来，我又去敲门，他在门音，好像什麼人在我的床頭摸索着。我轉過頭去，在月光下我看到了王亞明的黑手，把我借給她的那本書放在我的旁邊。

我問她：“看得有趣嗎?好嗎?”

起初，她並不回答我，後來她把臉孔用手掩住，她的頭髮好像在抖着似的，她說：

“好。”

我聽她的聲音好像也在抖着，於是我坐了起來。她却逃開了，用那和頭髮一樣顏色的手橫在臉上。

“馬利亞，真像有這個人一樣。她倒在雪地上，我想她沒有死吧?她不會死吧?…那醫生知道她是沒有錢的人，就不給她看病…喝喝!”她用很高的聲音笑了，藉着笑的抖動眼淚才滾落下來：

“我也去請過醫生，我母親生病的時候。你看那醫生他來嗎?他先問我要馬車錢,我說錢在家裏，先坐車來吧!人要不行了…你看他來嗎?他站在院心問我：‘你家是幹什麼的?你家開染缸房嗎?’不知爲什麼，一告訴他是開染缸房的，他就拉開門進屋去了…我等他，他沒有出來，我又去敲門，他在門里面说：'不能去看这病，你回去吧！'我回来了…"

她又擦了擦眼睛才说下去："从这时候我就照顾着两个弟弟和两个妹妹。爹爹染黑的和蓝的，姐姐染红的…姐姐定亲的那年，冬天的时候，她的婆婆从乡下来住在我们家里，一看到姐姐，她就说：'唉呀！那杀人的手！'从这起，爹爹就不许某个人专染红的，某个人专染蓝的。我的手是黑的，细看才带点紫色，那两个妹妹也都和我一样。"

"你的妹妹没有读书？"

"没有，我将来教她们。可是我也不知道我读得好不好，读不好连妹妹也对不起…染一匹布至多不过三毛钱，一个月能有几匹布来染呢？衣裳每件一毛钱，不论大小，送来染的都是大衣裳居多…那不是吗？我的学费…把他们在家吃盐的钱都拿来啦！我哪能不用心念书，我哪能？"她又去摸触那书本。

还不到放寒假时，王亚明在一天的早晨，整理着手提箱和零碎。她的行李已经束得很紧，立在墙根的地方。

并没有人去和她告别，也没有人和她说一声再裏面説：'不能去看這病,你回去吧!'我回來了…"
她又擦了擦眼睛才説下去："從這時候我就照顧着
兩個弟弟和兩個妹妹。爹爹染黑的和藍的，姐姐染
紅的…姐姐定親的那年，冬天的時候，她的婆婆從
鄉下來住在我們家裏，一看到姐姐，她就説：'唉
呀! 那殺人的手!'從這起，爹爹就不許某個人專染
紅的，某個人專染藍的。我的手是黑的，細看才帶
點紫色，那兩個妹妹也都和我一樣。"

"你的妹妹沒有讀書?"

"沒有，我將來教她們。可是我也不知道我讀
得好不好，讀不好連妹妹也對不起…染一匹布至多
不過三毛錢，一個月能有幾匹布來染呢? 衣裳每件
一毛錢，不論大小，送來染的都是大衣裳居多…那
不是嗎? 我的學費…把他們在家吃鹽的錢都拿來啦!
我哪能不用心念書，我哪能?"她又去摸觸那書本。

還不到放寒假時，王亞明在一天的早晨，整理
着手提箱和零碎。她的行李已經束得很緊，立在牆
根的地方。

並沒有人去和她告別，也沒有人和她説一聲再

见。我们从宿舍出发，一个一个的经过夜里王亚明睡觉的长椅，她向我们每一个人笑着，同时也好象从窗口在望着远方。我们下了楼梯，经过了院子，在栅栏门口，王亚明也赶到了，呼喘并且张着嘴：

"我的父亲还没有来，多学一个钟头是一个钟头…"她向着大家在说话一样。

这最后的每一个钟头都使她流汗。在英文课上，她忙着用小册子记下来黑板上所有的生字，连教师随手写的已经读过的熟字也记了下来。在第二个钟头地理课上，她又费力地模仿黑板上教师画的地图…好象所有这最末一天的课都重要起来，都必得留下一个痕迹。

夜里，她的父亲也没有来接她。她又在那长椅上展开了被褥。只有这一次，她睡得这样早，睡得超过平常的安然。

早晨，太阳停在颤抖的挂着雪的树枝上面。鸟雀刚出巢的时候，她的父亲来了，站在楼梯口，放下肩上背来的大毡靴，用围着脖子的白毛巾擦去胡须上的冰溜：

見。我們從宿舍出發，一個一個的經過夜裏王亞明睡覺的長椅，她向我們每一個人笑着，同時也好像從窗口在望着遠方。我們下了樓梯，經過了院子，在柵欄門口，王亞明也趕到了，呼喘並且張着嘴：

"我的父親還沒有來，多學一個鐘頭是一個鐘頭..."她向着大家在説話一樣。

這最後的每一個鐘頭都使她流汗。在英文課上，她忙着用小册子記下來黑板上所有的生字，連教師隨手寫的已經讀過的熟字也記了下來。在第二個鐘頭地理課上,她又費力地模仿黑板上教師畫的地圖...好像所有這最末一天的課都重要起來，都必得留下一個痕迹。

夜裏，她的父親也沒有來接她。她又在那長椅上展開了被褥。只有這一次，她睡得這樣早，睡得超過平常的安然。

早晨，太陽停在顫抖的掛着雪的樹枝上面。鳥雀剛出巢的時候，她的父親來了，站在樓梯口，放下肩上背來的大氈靴，用圍着脖子的白毛巾擦去鬍鬚上的冰溜：

（七）手

"你留级了吗?你..."

"没有，还没考试。校长告诉我，说我不用考啦! 不能及格的..."

她的父亲站在楼梯口，把脸向着墙壁，腰间挂着的白毛巾动也不动。

行李拖到楼梯口了，王亚明又去提手提箱，抱着面盆和一些零碎。她把大手套还给她的父亲。

"我不要，你戴吧!"她父亲的毡靴一移动就在地板上留几个泥圈圈。

因为是早晨，围观的同学很少。王亚明就在轻微的笑声里带起了手套。

"穿上毡靴吧! 书没念好，别再冻掉了两只脚。"

"再来，把书回家好好读读再来。喝...喝..."不知她在向谁说着。她又提起手提箱，问她父亲:

"叫来的马车就在门外吗?"

"马车?什么马车?走着去车站吧，我背行李。"

王亚明的毡靴在楼梯上扑扑地拍着。父亲走在前面，变了颜色的手抓着行李的两角。

那被朝阳拖得长长的影子跳动着，在人的前面

170

"你留級了嗎? 你..."

"没有，還没考試。校長告訴我，說我不用考啦! 不能及格的..."

她的父親站在樓梯口，把臉向着牆壁，腰間掛着的白毛巾動也不動。

行李拖到樓梯口了，王亞明又去提手提箱，抱着面盆和一些零碎。她把大手套還給她的父親。

"我不要，你戴吧!" 她父親的氈靴一移動就在地板上留幾個泥圈圈。

因爲是早晨，圍觀的同學很少。王亞明就在輕微的笑聲裏帶起了手套。

"穿上氈靴吧! 書没念好，別再凍掉了兩隻脚。"

"再來，把書回家好好讀讀再來。喝...喝..." 不知她在向誰說着。她又提起手提箱，問她父親:

"叫來的馬車就在門外嗎?"

"馬車? 什麽馬車? 走着去車站吧，我背行李。"

王亞明的氈靴在樓梯上撲撲地拍着。父親走在前面，變了顏色的手抓着行李的兩角。

那被朝陽拖得長長的影子跳動着，在人的前面先爬上了木栅门。从窗子看去，人也好像和影子一般轻浮，只能看到他们，而听不到他们的一点声音。

出了木栅门，他们就向着远方，向着弥漫着朝阳的方向走去。

雪地好象碎玻璃似的，越远那闪光就越刚强。我一直看到那远处的雪地刺痛了我的眼睛。

讨论问题：

1. 故事中的"我"是一个什么样的角色？

2. 在这个故事中有"坏人"吗？

3. 作者所要批评的是什么？

4. 人真的"生而平等"吗？

5. 我们的周围有"王亚明"吗？如果有，我们应该用什么态度来对待这些比自己不幸的人？

6. "王亚明"跟她的同学相比，显然是一个比较不幸的人。她的"不幸"是谁造成的？三十年代的中国作家，经常把这个责任推给一个虚幻的"社会"，形成了"社会加害于人"的一般看法。这种论调合理吗？如果我们把这个"不幸"的责任放在"个人"身上，会有什么不同的结论呢？

先爬上了木栅門。從窗子看去，人也好像和影子一般輕浮，只能看到他們，而聽不到他們的一點聲音。

出了木栅門，他們就向着遠方，向着彌漫着朝陽的方向走去。

雪地好像碎玻璃似的，越遠那閃光就越剛強。我一直看到那遠處的雪地刺痛了我的眼睛。

討論問題：

1. 故事中的"我"是一個什麼樣的角色？

2. 在這個故事中有"壞人"嗎？

3. 作者所要批評的是什麼？

4. 人真的"生而平等"嗎？

5. 我們的周圍有"王亞明"嗎？如果有，我們應該用什麼態度來對待這些比自己不幸的人？

6. "王亞明"跟她的同學相比，顯然是一個比較不幸的人。她的"不幸"是誰造成的？三十年代的中國作家，經常把這個責任推給一個虛幻的"社會"，形成了"社會加害於人"的一般看法。這種論調合理嗎？如果我們把這個"不幸"的責任放在"個人"身上，會有什麼不同的結論呢？

（八）

《呐喊》自序

-鲁 迅-

背景简介：

　　《呐喊》是鲁迅的第一本短篇小说集。他在〈呐喊自序〉中自传式地叙述了他的身世和写作的动机。他之所以从事文学创作是为了唤醒沉睡中的中国人。因此他的小说与其说是娱乐的，不如说是教育的。而这种救亡和教育民众的动机几乎成了所有现代中国作家的基调。作家有"使命感"，就好的一方面说，是作家将国家之兴亡时时系于胸中；就坏的一方面说，是个人之悲喜哀乐都成了不足道的"无病呻吟"。由救亡的使命感到"革命文学"到文学沦为政治宣传，其中的关联是不难看出的。

　　在这篇自序中也透露了鲁迅从小对中医的憎恶，"有意无意的骗子"成了鲁迅小说中中医的固定形象。

　　〈呐喊自序〉最初发表于1923年8月21日《晨报》文学旬刊，收入《鲁迅全集》（北京：人民文学出版社，1981，共十六册）册一，《呐喊》，页415-420。

（八）

《呐喊》自序

鲁 迅

"Outcry" was Lu Xun's first collection of short stories. The preface to "Outcry", written in an autobiographical style, depicted his life and explained that he started to write in order to awaken the Chinese. Thus, his short stories were not written for entertainment, but for educational purposes. This style, filled with patriotism and educational motives, was emulated by nearly all modern Chinese writers. On the one hand, this sense of mission showed that the writers always had China's best interests in mind. On the other hand, however, personal feelings in writing became somewhat worthless. The evolution of literature from the purpose of saving the country, to "revolutionary literature," to political propaganda is not difficult to observe.

Also revealed in this work is Lu Xun's childhood belief, instilled early on, that Chinese medicine consisted of doctors who were nothing but quacks, be it intentional or otherwise. This was later to become a common theme in many of Lu Xun's works.

"Preface to Outcry" was written in 1922, first published on August 21, 1923 in *Chenbao wenxuexunkan.* It was included in *Lu Xun quanji* (Lu Xun's complete works), (Beijing: Renmin wenxue chubanshe 1981, 16 Vols.) Vol.1, *Nahan* (Outcry), pp. 415-420.

（八）

《呐　喊》自序

-鲁　迅-

　　我在年轻时候也曾经作过许多梦，后来大半忘却了，但自己也并不以为可惜。所谓回忆者，虽说可以使人欢欣，有时也不免使人寂寞。使精神的丝缕还牵着已逝的寂寞的时光，又有什么意味呢?而我偏苦于不能全忘却，这不能全忘的一部分，到现在便成了《呐喊》的来由。

　　我有四年多，曾经常常，——几乎是每天，出入于质铺和药店里，年纪可是忘却了，总之是药店的柜台正和我一样高，质铺的是比我高一倍。我从一倍高的柜台外送上衣服或首饰去，在侮蔑里接了钱，再到一样高的柜台上给我久病的父亲去买药。回家之后，又须忙别的事了。因为开方的医生是最有名的，以此所用的药引也奇特：冬天的芦根，经霜三年的甘蔗，蟋蟀要原对的，结子的平地木，……多不是容易办到的东西。然而我的父亲终于日重一

176

（八）

《呐　喊》自序

-魯　迅-

　　我在年輕時候也曾經作過許多夢，後來大半忘却了，但自己也並不以爲可惜。所謂回憶者，雖説可以使人歡欣，有時也不免使人寂寞。使精神的絲縷還牽着已逝的寂寞的時光，又有什麼意味呢?而我偏苦於不能全忘却，這不能全忘的一部分，到現在便成了《呐喊》的來由。

　　我有四年多，曾經常常，── 幾乎是每天，出入於質鋪和藥店裏，年紀可是忘却了，總之是藥店的櫃台正和我一樣高，質鋪的是比我高一倍。我從一倍高的櫃台外送上衣服或首飾去，在侮蔑裏接了錢，再到一樣高的櫃台上給我久病的父親去買藥。回家之後，又須忙別的事了。因爲開方的醫生是最有名的，以此所用的藥引也奇特：冬天的蘆根，經霜三年的甘蔗，蟋蟀要原對的，結子的平地木，....多不是容易辦到的東西。然而我的父親終於日重一日的亡故了。

有谁从小康人家而坠入困顿的么？我以为在这途路中，大概可以看见世人的真面目。我要到N进K学堂去了，仿佛是想走异路，逃异地，去寻求别样的人们。我的母亲没有法，办了八元的川资，说是由我的自便；然而伊哭了，这正是情理中的事。因为那时读书应试是正路，所谓学洋务，社会上便以为是一种走投无路的人，只得将灵魂卖给鬼子，要加倍的奚落而且排斥的，而况伊又看不见自己的儿子了。然而我也顾不得这些事，终于到N去进了K学堂了。在这学堂里，我才知道世上还有所谓格致、算学、地理、历史、绘图和体操。生理学并不教，但我们却看到些木版的《全体新论》和《化学卫生论》之类了。我还记得先前的医生的议论和方药，和现在所知道的比较起来，便渐渐的悟得中医不过是一种有意的或无意的骗子，同时又很起了对于被骗的病人和他的家族的同情；而且从译出的历史上，又知道了日本维新是大半发端于西方医学的事实。

178

日的亡故了。

　　有誰從小康人家而墜入困頓的麽?我以爲在這途路中，大概可以看見世人的真面目。我要到N進K學堂去了，仿佛是想走異路，逃異地，去尋求別樣的人們。我的母親沒有法，辦了八元的川資，説是由我的自便;然而伊哭了，這正是情理中的事。因爲那時讀書應試是正路，所謂學洋務，社會上便以爲是一種走投無路的人，只得將靈魂賣給鬼子，要加倍的奚落而且排斥的，而況伊又看不見自己的兒子了。然而我也顧不得這些事，終於到N去進了K學堂了。在這學堂裏，我才知道世上還有所謂格致、算學、地理、歷史、繪圖和體操。生理學並不教，但我們却看到些木版的《全體新論》和《化學衛生論》之類了。我還記得先前的醫生的議論和方藥，和現在所知道的比較起來，便漸漸的悟得中醫不過是一種有意的或無意的騙子，同時又很起了對於被騙的病人和他的家族的同情;而且從譯出的歷史上，又知道了日本維新是大半發端於西方醫學的事實。

因为这些幼稚的知识，后来便使我的学籍列在日本的一个乡间的医学专门学校里了。我的梦很美满，预备卒业回来，救治像我父亲似的被误的病人的疾苦，战争时候便去当军医，一面又促进了国人对于维新的信仰。我已不知道教授微生物学的方法，现在又有了怎样的进步了，总之那时是用了电影来显示微生物的形状的。因此有时讲义的一段落已完，而时间还没有到，教师便映些风景或时事的画片给学生看，以用去这多余的光阴。其时正当日俄战争的时候，关于战事的画片自然也就比较的多了。我在这一个讲堂中，便须常常随喜我那同学们的拍手和喝采。有一回，我竟在画片上忽然会见我久违的许多中国人了。一个绑在中间，许多站在左右，一样是强壮的体格，而显出麻木的神情。据解说，则绑着的是替俄国作了军事上的侦探，正要被日军砍下头颅来示众，而围着的便是来赏鉴这示众的盛举的人们。

这一学年没有完毕，我已经到了东京了，因为从那一回以后，我便觉得医学并非一件紧要事。凡因爲這些幼稚的知識，後來便使我的學籍列在日本的一個鄉間的醫學專門學校裏了。我的夢很美滿，預備卒業回來，救治像我父親似的被誤的病人的疾苦，戰爭時候便去當軍醫，一面又促進了國人對於維新的信仰。我已不知道教授微生物學的方法，現在又有了怎樣的進步了，總之那時是用了電影來顯示微生物的形狀的。因此有時講義的一段落已完，而時間還沒有到，教師便映些風景或時事的畫片給學生看，以用去這多餘的光陰。其時正當日俄戰爭的時候，關於戰事的畫片自然也就比較的多了。我在這一個講堂中，便須常常隨喜我那同學們的拍手和喝采。有一回，我竟在畫片上忽然會見我久違的許多中國人了。一個綁在中間，許多站在左右，一樣是強壯的體格，而顯出麻木的神情。據解說，則綁着的是替俄國作了軍事上的偵探，正要被日軍砍下頭顱來示衆，而圍着的便是來賞鑒這示衆的盛舉的人們。

這一學年沒有完畢，我已經到了東京了，因爲從那一回以後，我便覺得醫學並非一件緊要事。凡是愚弱的国民，即使体格如何健全，如何茁壮，也只能做毫无意义的示众的材料和看客，病死多少是不必以为不幸的。所以我们的第一要着，是在改变他们的精神，而善于改变精神的是，我那时以为当然要推文艺，于是想提倡文艺运动了。在东京的留学生很有学法政理化以至警察工业的，但没有人治文学和美术；可是在冷淡的空气中，也幸而寻到几个同志了，此外又邀集了必须的几个人。商量之后，第一步当然是出杂志，名目是取"新的生命"的意思，因为我们那时大抵带些复古的倾向，所以只谓之《新生》。

《新生》的出版之期接近了，但最先就隐去了若干担当文字的人，接着又逃走了资本，结果只剩下不名一钱的三个人。创始时候既已背时，失败时候当然无可告语，而其后却连这三个人也都为各自的命运所驱策，不能在一处纵谈将来的好梦了，这就是我们的并未产生的《新生》的结局。

我感到未尝经验的无聊，是自此以后的事。我当初是不知其所以然的；后来想，凡有一人的主张，是愚弱的國民，即使體格如何健全，如何茁壯，也只能做毫無意義的示衆的材料和看客，病死多少是不必以爲不幸的。所以我們的第一要着，是在改變他們的精神，而善於改變精神的是，我那時以爲當然要推文藝，於是想提倡文藝運動了。在東京的留學生很有學法政理化以至警察工業的，但沒有人治文學和美術；可是在冷淡的空氣中，也幸而尋到幾個同志了，此外又邀集了必須的幾個人。商量之後，第一步當然是出雜誌，名目是取"新的生命"的意思，因爲我們那時大抵帶些復古的傾向，所以只謂之《新生》。

《新生》的出版之期接近了，但最先就隱去了若干擔當文字的人，接着又逃走了資本，結果只剩下不名一錢的三個人。創始時候既已背時，失敗時候當然無可告語，而其後却連這三個人也都爲各自的命運所驅策，不能在一處縱談將來的好夢了，這就是我們的並未產生的《新生》的結局。

我感到未嘗經驗的無聊，是自此以後的事。我當初是不知其所以然的；後來想，凡有一人的主張，得了赞和，是促其前进的，得了反对，是促其奋斗的，独有叫喊于生人中，而生人并无反应，既非赞同，也无反对，如置身毫无边际的荒原，无可措手的了。这是怎样的悲哀啊，我于是以我所感到者为寂寞。

这寂寞又一天一天的长大起来，如大毒蛇，缠住了我的灵魂了。

然而我虽然自有无端的悲哀，却也并不愤懑，因为这经验使我反省，看见自己了：就是我绝不是一个振臂一呼应者云集的英雄。

只是我自己的寂寞是不可不驱除的，因为这于我太痛苦。我于是用了种种法，来麻醉自己的灵魂，使我沉入于国民中，使我回到古代去。后来也亲历或旁观过几样更寂寞、更悲哀的事，都为我所不愿追怀，甘心使他们和我的脑一同消灭在泥土里的，但我的麻醉法却也似乎已经奏了功，再没有青年时候的慷慨激昂的意思了。

S会馆里有三间屋，相传是往昔曾在院子里的槐树上缢死过一个女人的，现在槐树已经高不可攀得了贊和，是促其前進的，得了反對，是促其奮鬥的，獨有叫喊於生人中，而生人並無反應，既非贊同，也無反對，如置身毫無邊際的荒原，無可措手的了。這是怎樣的悲哀啊，我於是以我所感到者爲寂寞。

這寂寞又一天一天的長大起來，如大毒蛇，纏住了我的靈魂了。

然而我雖然自有無端的悲哀，却也並不憤懣，因爲這經驗使我反省，看見自己了：就是我絕不是一個振臂一呼應者雲集的英雄。

只是我自己的寂寞是不可不驅除的，因爲這於我太痛苦。我於是用了種種法,來麻醉自己的靈魂,使我沉入於國民中，使我回到古代去。後來也親歷或旁觀過幾樣更寂寞、更悲哀的事，都爲我所不願追懷，甘心使他們和我的腦一同消滅在泥土裏的，但我的麻醉法却也似乎已經奏了功，再沒有青年時候的慷慨激昂的意思了。

S會館裏有三間屋，相傳是往昔曾在院子裏的槐樹上縊死過一個女人的，現在槐樹已經高不可攀了，而这屋还没有人住；许多年，我便寓在这屋里抄古碑。客中少有人来，古碑中也遇不到什么问题和主义，而我的生命却居然暗暗的消去了，这也就是我唯一的愿望。夏夜，蚊子多了，便摇着蒲扇坐在槐树下，从密叶缝里看那一点一点的青天，晚出的槐蚕又每每冰冷的落在头颈上。

那时偶或来谈的是一个好朋友金心异，将手提的大皮夹放在破桌上，脱下长衫，对面坐下了。因为怕狗，似乎心房还在怦怦的跳动。

"你抄了这些有什么用?"有一夜，他翻着我那古碑的抄本，发了研究的质问了。

"没有什么用。"

"那么，你抄他是什么意思呢?"

"没有什么意思。"

"我想，你可以作点文章...."

我懂他的意思了。他们正办《新青年》，然而那时仿佛不特没有人来赞同，并且也还没有人来反对，我想，他们许是感到寂寞了，但是说：

"假如一间铁屋子，是绝无窗户而万难破毁的，

186

了，而這屋還沒有人住；許多年，我便寓在這屋裏抄古碑。客中少有人來，古碑中也遇不到什麼問題和主義，而我的生命却居然暗暗的消去了，這也就是我唯一的願望。夏夜，蚊子多了，便搖着蒲扇坐在槐樹下，從密葉縫裏看那一點一點的青天，晚出的槐蠶又每每冰冷的落在頭頸上。

那時偶或來談的是一個好朋友金心異，將手提的大皮夾放在破桌上，脫下長衫，對面坐下了。因爲怕狗，似乎心房還在怦怦的跳動。

"你抄了這些有什麼用?" 有一夜，他翻着我那古碑的抄本，發了研究的質問了。

"沒有什麼用。"

"那麼，你抄他是什麼意思呢?"

"沒有什麼意思。"

"我想，你可以作點文章...."

我懂他的意思了。他們正辦《新青年》，然而那時仿佛不特沒有人來贊同，並且也還沒有人來反對，我想，他們許是感到寂寞了，但是説：

"假如一間鐵屋子，是絶無窗户而萬難破毀的，里面有许多熟睡的人们，不久都要闷死了，然而是从昏睡入死灭，并不感到就死的悲哀。现在你大嚷起来，惊起了较为清醒的几个人，使这不幸的少数者来受无可挽救的临终的苦楚，你倒以为对得起他们么？"

"然而几个人既然起来，你不能说绝没有毁坏这铁屋的希望。"

是的，我虽然自有我的确信，然而说到希望，却是不能抹杀的，因为希望是在于将来，绝不能以我之必无的证明，来折服了他之所谓可有，于是我终于答应他也做文章了，这便是最初的一篇《狂人日记》。从此以后，便一发而不可收，每写些小说模样的文章，以敷衍朋友们的嘱托，积久就有了十余篇。

在我自己，本以为现在是已经并非一个切迫而不能已于言的人了，但或者也还未能忘怀于当日自己的寂寞的悲哀吧，所以有时候仍不免呐喊几声，聊以慰藉那在寂寞里奔驰的猛士,使他不惮于前驱。至于我的喊声是勇猛或是悲哀，是可憎或是可笑，裏面有許多熟睡的人們，不久都要悶死了，然而是從昏睡入死滅，並不感到就死的悲哀。現在你大嚷起來，驚起了較爲清醒的幾個人，使這不幸的少數者來受無可挽救的臨終的苦楚，你倒以爲對得起他們麼?"

"然而幾個人既然起來，你不能説絶没有毀壞這鐵屋的希望。"

是的，我雖然自有我的確信，然而説到希望，却是不能抹殺的，因爲希望是在於將來，絶不能以我之必無的證明，來折服了他之所謂可有，於是我終於答應他也做文章了，這便是最初的一篇《狂人日記》。從此以後，便一發而不可收，每寫些小説模樣的文章，以敷衍朋友們的囑托，積久就有了十餘篇。

在我自己，本以爲現在是已經並非一個切迫而不能已於言的人了，但或者也還未能忘懷於當日自己的寂寞的悲哀吧，所以有時候仍不免呐喊幾聲，聊以慰藉那在寂寞裏奔馳的猛士,使他不憚於前驅。至於我的喊聲是勇猛或是悲哀，是可憎或是可笑，那倒是不暇顾及的；但既然是呐喊，则当然须听将令的了，所以我往往不恤用了曲笔，在《药》的瑜儿的坟上凭空添上一个花环，在《明天》里也不叙单四嫂子竟没有做到看见儿子的梦，因为那时的主将是不主张消极的。至于自己，却也并不愿将自以为苦的寂寞，再来传染给也如我那年轻时候似的正做着好梦的青年。

这样说来，我的小说和艺术的距离之远，也就可想而知了，然而到今日还能蒙着小说的名，甚而至于还有成集的机会，无论如何总不能不说是一件侥幸的事，但侥幸虽使我不安于心，而悬揣人间暂时还有读者，则究竟也仍然是高兴的。

所以我竟将我的短篇小说结集起来，而且付印了，又因为上面所说的缘由，便称之为《呐喊》。

那倒是不暇顧及的；但既然是呐喊，則當然須聽將令的了，所以我往往不恤用了曲筆，在《藥》的瑜兒的墳上憑空添上一個花環，在《明天》裏也不叙單四嫂子竟没有做到看見兒子的夢，因爲那時的主將是不主張消極的。至於自己，却也並不願將自以爲苦的寂寞，再來傳染給也如我那年輕時候似的正做着好夢的青年。

這樣説來，我的小説和藝術的距離之遠，也就可想而知了，然而到今日還能蒙着小説的名，甚而至於還有成集的機會，無論如何總不能不説是一件僥倖的事，但僥倖雖使我不安於心，而懸揣人間暫時還有讀者，則究竟也仍然是高興的。

所以我竟將我的短篇小説結集起來，而且付印了，又因爲上面所説的緣由，便稱之爲《呐喊》。

191

（八）《呐喊》自序

讨论问题：

1.谈谈鲁迅的童年。

2.为什么鲁迅憎恶中医？

3.鲁迅为什么由医学改习文学？

4.鲁迅对中国人的态度是鄙夷还是同情？

5.鲁迅希望用文学来唤醒沉睡中的中国人，在这样的

比拟中，他自居于什么地位？

討論問題：

1. 談談魯迅的童年。

2. 爲什麼魯迅憎惡中醫？

3. 魯迅爲什麼由醫學改習文學？

4. 魯迅對中國人的態度是鄙夷還是同情？

5. 魯迅希望用文學來喚醒沉睡中的中國人，在這樣的
   比擬中，他自居於什麼地位？

（九）
九年的家乡教育

-胡　适-

背景简介：

胡适（1891-1962）出生在安徽，1910年考取庚款留美，1917年完成哥伦比亚大学博士学位，随即回国任北京大学教授，1962年死在台北，时任中央研究院院长。

胡适是中国近代史上最具影响和争议的知识份子之一。在新旧交替的时代里，他扮演了多样的重要角色。他是白话文运动的发起者，批判中国旧传统的代言人，也是民主、自由与科学的坚信者与提倡人。1950年代初期，中国共产党曾发动全国知识份子对胡适思想进行批判，并将胡适思想指为马克思主义的死敌。近年来，由于政治环境的改变，胡适的著作又重新受到广大中国知识份子的关注。

〈九年的家乡教育〉节选自胡适《四十自述》（台北：远东图书公司，1982）页17-36。

（九）

九年的家鄉教育

-胡　適-

Hu Shi (Hu Shih, 1891 - 1962) Chinese historian, philosopher and diplomat, was one of the most influential and controversial figures in modern China. For the past half-century, comments on Hu Shi have been characterized by a polarity: he has either been hailed as the father of the Chinese literary renaissance or condemned as an enemy of the people.

Hu Shi was born in 1891 in Anhui Province. In 1910 he came to the United States on a Boxer Indemnity Scholarship, receiving his doctoral degree from Columbia University in 1917. He then returned to China to teach at Peking University. He died in 1962 while he was the Director of Academia Sinica in Taipei, Taiwan.

In an age of rapid change in China, he played many important roles. He championed the vernacular movement, was a leading critic of Chinese tradition, and vigorously promoted the values of freedom and democracy. In the process of China's Westernization, Hu Shi's contribution was not the mere introduction of Western ideas to China, but rather his effort to elevate "Western learning" from the study of technology to the higher levels of thought and culture. In the early 1950's, the Chinese Communist Party initiated a campaign of criticism against Hu Shi, labeling him the deadly enemy of Marxist thought. In recent years, however, due to changes in the political climate, China's intellectuals have once again been able to find inspiration in Hu Shi's writings.

"Nine Years of Home Education" is selected from Hu Shi's *Sishi zishu (Autobiography at Forty)*, (Taibei: Yuandong gongsi, 1982). pp.17-36.

（九）

九年的家乡教育

-胡　适-

（一）

我生在光绪十七年十一月十七日（一八九一年十二月十七）。那时候我家住在上海。我生后两个月，我父亲被调往台湾，十九年二月二十六日我们一家也从上海到台湾。我们在台南住了十个月。十九年六月我父亲作台东直隶州知州，台东是新设的州，一切草创，故我父不带家眷去。十九年十二月十四日，我们才到台东，在台东住了一整年。

甲午（一八九四）中日战事开始，台湾也在备战的区域，恰好四叔来台湾，我父亲便托他把家眷送回故乡，只留二哥跟着他在台东。我们于一八九五年正月离开台湾，二月初十从上海起程回绩溪故乡。

那年四月，中日和议成，把台湾割让给日本。台湾人民反对割台，要求西洋各国出来干涉，各国

（九）

九年的家鄉教育

-胡　適-

（一）

我生在光緒十七年十一月十七日（一八九一年十二月十七）。那時候我家住在上海。我生後兩個月，我父親被調往台灣，十九年二月二十六日我們一家也從上海到台灣。我們在台南住了十個月。十九年六月我父親作台東直隸州知州，台東是新設的州，一切草創，故我父不帶家眷去。十九年十二月十四日，我們才到台東，在台東住了一整年。

甲午（一八九四）中日戰事開始，台灣也在備戰的區域，恰好四叔來台灣，我父親便托他把家眷送回故鄉，只留二哥跟着他在台東。我們於一八九五年正月離開台灣，二月初十從上海起程回績溪故鄉。

那年四月，中日和議成，把台灣割讓給日本。台灣人民反對割台，要求西洋各國出來干涉，各國不允。台人便公请巡抚唐景崧为台湾民主国大总统，帮办军务刘永福为主军大总统。我父亲在台东后山，那时他已得脚气病，左脚已不能行动。他到了闰五月初三才离开后山。到安平时，刘永福苦苦留他帮忙，不肯放行，六月二十五日，他双脚都不能动了，刘永福才放行。六月二十八日到厦门，手足俱不能动了。七月初三他死在厦门，成为东亚第一个民主国的一个牺牲者！

这时候我只有三岁零八个月。我仿佛记得我父亲死信到家时，我母亲正在家中老屋前堂，她坐在房门口的椅子上。她听见读信人读到父亲的死信，身子往后一倒，连椅子倒在房门槛上。东边房门口坐的珍伯母也放声大哭起来，一时满屋都是哭声，我只觉得天地都翻覆了！我只记得这一点凄惨的情状，其余都不记得了。

（二）

我父亲死时，我母亲只有二十三岁。我父初娶冯氏，结婚不久便遭太平天国之乱，冯氏死在兵乱里。次娶曹氏，生了三个儿子，三个女儿，曹氏死不允。台人便公請巡撫唐景崧爲台灣民主國大總統，幫辦軍務劉永福爲主軍大總統。我父親在台東後山，那時他已得脚氣病，左脚已不能行動。他到了閏五月初三才離開後山。到安平時，劉永福苦苦留他幫忙，不肯放行，六月二十五日,他雙脚都不能動了，劉永福才放行。六月二十八日到廈門，手足俱不能動了。七月初三他死在廈門，成爲東亞第一個民主國的一個犧牲者!

這時候我只有三歲零八個月。我仿佛記得我父親死信到家時，我母親正在家中老屋前堂，她坐在房門口的椅子上。她聽見讀信人讀到父親的死信，身子往後一倒，連椅子倒在房門檻上。東邊房門口坐的珍伯母也放聲大哭起來，一時滿屋都是哭聲，我只覺得天地都翻覆了! 我只記得這一點凄慘的情狀，其餘都不記得了。

（二）

我父親死時，我母親只有二十三歲。我父初娶馮氏，結婚不久便遭太平天國之亂，馮氏死在兵亂裏。次娶曹氏，生了三個兒子，三個女兒，曹氏死在光绪四年（一八七八年）。我父亲久不续娶，到了光绪十五年（一八八九），他在江苏做官，生活稍稍安定，才续娶我的母亲。我母亲结婚后三天，我大哥嗣稼也娶亲了。那时我大姐已出嫁生了儿子。大姐比我母亲大七岁。大哥比她大两岁。这样一个家庭里忽然来了一个十七岁的后母，她的地位自然十分困难，她的生活免不了苦痛。

结婚后不久，我父亲把她接到了上海同住。她脱离了大家庭的痛苦，我父亲又很爱她，每日在百忙中教她认字读书，这几年的生活是很快乐的。我小时也很得我父亲钟爱，不满三岁时，他就把教我母亲的红纸方字教我认。我认的是生字，母亲便借此温她的熟字。他太忙时，她就是代理教师。我们离开台湾时，她认得了近千字，我也认了七百多字。这些方字都是我父亲手写的楷字，我母亲终身保存着，因为这些方块字都是我们三个人的最神圣的团居生活的纪念。

我母亲二十三岁就做了寡妇，从此以后，又过了二十三年。这二十三年的生活真是十分苦痛的生在光緒四年（一八七八）。我父親久不續娶，到了光緒十五年（一八八九），他在江蘇做官，生活稍稍安定，才續娶我的母親。我母親結婚後三天，我大哥嗣稼也娶親了。那時我大姐已出嫁生了兒子。大姐比我母親大七歲。大哥比她大兩歲。這樣一個家庭裏忽然來了一個十七歲的後母，她的地位自然十分困難，她的生活免不了苦痛。

結婚後不久，我父親把她接到了上海同住。她脫離了大家庭的痛苦，我父親又很愛她，每日在百忙中教她認字讀書，這幾年的生活是很快樂的。我小時也很得我父親鍾愛，不滿三歲時，他就把教我母親的紅紙方字教我認。我認的是生字，母親便藉此溫她的熟字。他太忙時，她就是代理教師。我們離開台灣時，她認得了近千字，我也認了七百多字。這些方字都是我父親手寫的楷字，我母親終身保存着，因爲這些方塊字都是我們三個人的最神聖的團居生活的紀念。

我母親二十三歲就做了寡婦，從此以後，又過了二十三年。這二十三年的生活真是十分苦痛的生活，只因为还有我这一点骨血，她含辛茹苦，把全副希望都寄托在我的渺茫不可知的将来，这一点希望居然使她挣扎着活了二十三年。

我父亲在临死之前两个多月，写了几张遗嘱，我母亲和四个儿子各有一张，每张只有几句话。给我母亲的遗嘱上说我天资颇聪明，应该读书。给我的遗嘱也教我努力读书上进。这寥寥几句话对我的一生有很大的影响。我十一岁的时候，二哥和三哥都在家，有一天我母亲问他们道："他今年十一岁了。你父亲叫他念书，你们看他念书念得出吗?"二哥不曾开口，三哥冷笑道："哼! 念书!"二哥始终没有说什么。我母亲忍气坐了一会儿，回到房里才敢掉眼泪。她不敢得罪她们，因为一家的财政权全在二哥手里,我若出门求学是要靠他供给学费的。所以她只能掉眼泪，终不敢哭。

但父亲的遗嘱究竟是父亲的遗嘱，我是应该念书的。况且我小时很聪明，四乡的人都知道三先生的小儿子是能够念书的。所以隔了两年，三哥往上海医肺病，我就跟他出门求学了。

活，只因爲還有我這一點骨血，她含辛茹苦，把全副希望都寄托在我的渺茫不可知的將來，這一點希望居然使她掙扎着活了二十三年。

我父親在臨死之前兩個多月，寫了幾張遺囑，我母親和四個兒子各有一張，每張只有幾句話。給我母親的遺囑上說我天資頗聰明，應該讀書。給我的遺囑也教我努力讀書上進。這寥寥幾句話對我的一生有很大的影響。我十一歲的時候，二哥和三哥都在家，有一天我母親問他們道："他今年十一歲了。你父親叫他念書，你們看他念書念得出嗎?"二哥不曾開口，三哥冷笑道："哼! 念書!"二哥始終沒有説什麽。我母親忍氣坐了一會兒，回到房裏才敢掉眼淚。她不敢得罪她們，因爲一家的財政權全在二哥手裏，我若出門求學是要靠他供給學費的。所以她只能掉眼淚，終不敢哭。

但父親的遺囑究竟是父親的遺囑，我是應該念書的。況且我小時很聰明，四鄉的人都知道三先生的小兒子是能够念書的。所以隔了兩年，三哥往上海醫肺病，我就跟他出門求學了。

（三）

我在台湾时，大病了半年，身体很弱。回家乡时，我号称五岁了，还不能跨一个七八寸高的门槛。但我母亲望我念书的心很切，故到家的时候，我才满三岁零几个月，就在我四叔介如先生的学堂里读书了。我的身体太小，他们抱我坐在一只高凳子上面。我坐上了就爬不下来，还要别人抱下来。但我在学堂并不算最低级的学生，因为我进学堂之前已经认得近一千字了。

我在四叔的学堂里读了不少古书，四书和诗经、书经、易经、礼记都读过了。读到论语的下半部时，四叔到外地做官去了，就把家塾移交给族兄禹臣先生。学生也增多了，先是五个，后来添到十多个。我们家乡的蒙馆学金太轻，每个学生每年只送两块银元。先生对于这一类学生自然不肯耐心教书，每天只教他们念死书，背死书，从来不肯为他们讲书。因为全不懂书中说的是什么，他们自然毫不觉得有趣味，许多学生常常逃学。逃学被捉回来以后，先生打得很利害。可是越打得利害，他们越要逃学。

（三）

　　我在台灣時，大病了半年，身體很弱。回家鄉時，我號稱五歲了，還不能跨一個七八寸高的門檻。但我母親望我念書的心很切，故到家的時候，我才滿三歲零幾個月，就在我四叔介如先生的學堂裏讀書了。我的身體太小，他們抱我坐在一隻高凳子上面。我坐上了就爬不下來，還要別人抱下來。但我在學堂並不算最低級的學生，因爲我進學堂之前已經認得近一千字了。

　　我在四叔的學堂裏讀了不少古書，四書和詩經、書經、易經、禮記都讀過了。讀到論語的下半部時，四叔到外地做官去了，就把家塾移交給族兄禹臣先生。學生也增多了，先是五個，後來添到十多個。我們家鄉的蒙館學金太輕，每個學生每年只送兩塊銀元。先生對於這一類學生自然不肯耐心教書，每天只教他們念死書，背死書，從來不肯爲他們講書。因爲全不懂書中説的是什麽，他們自然毫不覺得有趣味，許多學生常常逃學。逃學被捉回來以後，先生打得很利害。可是越打得利害，他們越要逃學。

我一个人不属于这"两元阶级"。我母亲渴望我读书，故学金特别优厚，第一年就送六块钱，以后每年增加，最后一年加到十二元。这样的学金，在家乡要算打破记录了。我母亲大概是受了我父亲的叮嘱，她嘱托先生为我讲书，每读一字，需讲一字的意思;每读一句，需讲一句的意思。所以我并不觉得读书很苦。

（四）

当我九岁时，有一天我在四叔家东边的小屋里玩。这小屋前面是我们的学堂，后面有一间卧房，有客来便住在这里。这一天没有课，我偶然走到那卧房里去，偶然看见桌子下一个板箱里的废纸堆中露出了一本破书。我偶然捡起这本书，两头都被老鼠咬坏了，书面也破了。但是这一本破书忽然为我开辟了一个新天地，忽然在我的儿童生活史上打开了一个新鲜的世界!

这本破书原来是一本小字的水浒传。我记得很清楚，开始便是"李逵打死殷天锡"一回。我在戏台上早已认得李逵是谁了,便站在那个破箱子旁边，我一個人不屬於這"兩元階級"。我母親渴望我讀書，故學金特別優厚，第一年就送六塊錢，以後每年增加，最後一年加到十二元。這樣的學金，在家鄉要算打破記錄了。我母親大概是受了我父親的叮囑，她囑托先生為我講書，每讀一字，需講一字的意思;每讀一句，需講一句的意思。所以我並不覺得讀書很苦。

（四）

當我九歲時，有一天我在四叔家東邊的小屋裏玩。這小屋前面是我們的學堂,後面有一間臥房，有客來便住在這裏。這一天沒有課，我偶然走到那臥房裏去，偶然看見桌子下一個板箱裏的廢紙堆中露出了一本破書。我偶然撿起這本書，兩頭都被老鼠咬壞了，書面也破了。但是這一本破書忽然為我開闢了一個新天地，忽然在我的兒童生活史上打開了一個新鮮的世界!

這本破書原來是一本小字的水滸傳。我記得很清楚，開始便是"李逵打死殷天錫"一回。我在戲台上早已認得李逵是誰了,便站在那個破箱子旁邊，一口气把这本水浒传残本看完了。不看尚可，看了之后，我的心里很不好过：这本的前面是些什么？后面是些什么？这两个问题我都急着要一个回答。

我拿了这本书去找我的五叔，因为他最会"说笑话"（"说笑话"就是"讲故事"，小说书叫作"笑话书"）。不料五叔没有这本书，他叫我去找守焕哥。守焕哥说："我没有水浒传，我去替你借一部。我家中有一部三国演义，你先拿去看，好吧？"他很郑重的捧出来，我很高兴的捧回去。

后来我居然得着水浒传全部，三国演义也看完了。从此以后我到处去借小说看。我离开家乡时，已经看过三十多部小说了。这里所谓小说，从薛仁贵征东一类最无意义的小说，到红楼梦和儒林外史一类的第一流作品，这里面的程度已是天悬地隔了。我到离开家乡时还不能了解红楼梦和儒林外史的好处，但这一大类都是白话小说，我在不知不觉中得了不少白话散文的训练，在十几年后于我很有用处。

尚书易经都是不能帮助我作通顺文字的。但小说书却给了我绝大的帮助。因为书中的故事实在有一口氣把這本水滸傳殘本看完了。不看尚可，看了之後，我的心裏很不好過：這本的前面是些什麼?後面是些什麼?這兩個問題我都急着要一個回答。

我拿了這本書去找我的五叔，因爲他最會"說笑話"（"說笑話"就是"講故事"，小說書叫作"笑話書"）。不料五叔沒有這本書，他叫我去找守煥哥。守煥哥說："我沒有水滸傳，我去替你借一部。我家中有一部三國演義,你先拿去看,好吧?"他很鄭重的捧出來，我很高興的捧回去。

後來我居然得着水滸傳全部，三國演義也看完了。從此以後我到處去借小說看。我離開家鄉時，已經看過三十多部小說了。這裏所謂小說，從薛仁貴征東一類最無意義的小說，到紅樓夢和儒林外史一類的第一流作品,這裏面的程度已是天懸地隔了。我到離開家鄉時還不能了解紅樓夢和儒林外史的好處，但這一大類都是白話小說，我在不知不覺中得了不少白話散文的訓練,在十幾年後於我很有用處。

尚書易經都是不能幫助我作通順文字的。但小說書却給了我絕大的幫助。因爲書中的故事實在有趣味，我总能细细的读下去。到了十二三岁时，我已能对本家姐妹们讲聊斋故事了。她们绣花作鞋，我便讲鬼故事给他们听。这样的讲书，逼我把古文的故事翻译成绩溪土话，使我更了解古文的文理。所以我十四岁来上海开始做古文时，就能作很像样的文字了。

（五）

我在这九年（一八九五至一九〇四）之中，除了读书之外，究竟也受到了一点做人的训练。在这一点上，我的恩师就是我的慈母。

每天天刚亮时，我母亲就把我喊起，叫我披衣坐起。我从来不知道她醒来坐了多久了。她看我清醒了，才对我说昨天我做错了什么事，说错了什么话，要我用功读书。有时候她对我说父亲的种种好处，她说："你总要踏上你父亲的脚步。我一生只晓得这一个完全的人，你要学他，不要丢他的脸。"她说到伤心处，往往掉下泪来。到天大明时，她才把我的衣服穿好，催我去上早学。

我母亲管束我最严，她是慈母兼严父。但她从趣味，我總能細細的讀下去。到了十二三歲時，我已能對本家姐妹們講聊齋故事了。她們繡花作鞋，我便講鬼故事給他們聽。這樣的講書，逼我把古文的故事翻譯成績溪土話，使我更了解古文的文理。所以我十四歲來上海開始做古文時，就能作很像樣的文字了。

（五）

我在這九年（一八九五至一九〇四）之中，除了讀書之外，究竟也受到了一點做人的訓練。在這一點上，我的恩師就是我的慈母。

每天天剛亮時，我母親就把我喊起，叫我披衣坐起。我從來不知道她醒來坐了多久了。她看我清醒了，才對我說昨天我做錯了什麼事，說錯了什麼話，要我用功讀書。有時候她對我說父親的種種好處，她說："你總要踏上你父親的腳步。我一生只曉得這一個完全的人，你要學他，不要丟他的臉。"她說到傷心處，往往掉下淚來。到天大明時，她才把我的衣服穿好，催我去上早學。

我母親管束我最嚴，她是慈母兼嚴父。但她從来不在别人面前骂我一句，打我一下。我作错了事，她只对我一望，我只看见她的严厉眼光，就吓住了。犯的事小，她等到第二天早晨我睡醒时才教训我。犯的事大，她等到晚上人静时，关了房门，先责备我，然后行罚，或罚跪，或拧我的肉。无论怎样重罚，她总不许我哭出声来。她教训儿子不是借此出气叫别人听的。

*　　*　　*

我母亲二十三岁作了寡妇，又是当家的后母。这种生活的痛苦，我的笨笔写不出一万分之一二。家中财政本不宽裕，全靠二哥在上海经营调度。大哥从小就是个败家子，吸鸦片烟，赌博，钱到手就光，光了就回家打主意，见了值钱的东西就拿出去卖或拿出去当。我母亲几次邀了本家长辈来，给他定下每月用费的数目。但他总不够用，到处欠下烟债赌债。每年除夕我家中总有一群讨债的，每人一盏灯笼，坐在大厅上不肯走。大哥早已避出去了。大厅的两排椅子上满满的都是灯笼和债主。我母亲走进走出，料理年夜饭、谢灶神、压岁钱等事，只來不在別人面前罵我一句，打我一下。我作錯了事，她只對我一望，我只看見她的嚴厲眼光，就嚇住了。犯的事小，她等到第二天早晨我睡醒時才教訓我。犯的事大，她等到晚上人靜時，關了房門，先責備我，然後行罰，或罰跪，或擰我的肉。無論怎樣重罰，她總不許我哭出聲來。她教訓兒子不是藉此出氣叫別人聽的。

＊　　　＊　　　＊

我母親二十三歲作了寡婦，又是當家的後母。這種生活的痛苦，我的笨筆寫不出一萬分之一二。家中財政本不寬裕，全靠二哥在上海經營調度。大哥從小就是個敗家子，吸鴉片烟，賭博，錢到手就光，光了就回家打主意，見了值錢的東西就拿出去賣或拿出去當。我母親幾次邀了本家長輩來，給他定下每月用費的數目。但他總不够用，到處欠下烟債賭債。每年除夕我家中總有一群討債的，每人一盞燈籠，坐在大廳上不肯走。大哥早已避出去了。大廳的兩排椅子上滿滿的都是燈籠和債主。我母親走進走出，料理年夜飯、謝灶神、壓歲錢等事，只当做不曾看见这群人。到了近半夜，我母亲才从后门出去，求一位邻舍本家到我家来，每一家债户开发一点钱。说好说歹的，这一群讨债的才一个一个提着灯笼走出去。一会儿，大哥敲门回来了。我母亲从不骂他一句。并且因为是新年，她脸上从不露出一点怒色。这样的年，我过了六七次。

大嫂是个最无能而又最不懂事的人，二嫂是个很能干而气量很窄小的人。她们常常闹意见，只因为我母亲的和气榜样，她们还不曾有公然相打相骂的事。她们闹气时，只是不说话，不答话，把脸板起来，叫人难受。二嫂生气时，脸色变青，更是怕人。她们对我母亲闹气时也是如此。我起初全不懂得这一套，后来也渐渐懂得看人的脸色了。我渐渐明白，世间最可厌恶的事莫如一张生气的脸，世间最下流的事莫如把生气的脸摆给旁人看。这比打骂还难受。

我母亲气量大，性子好，又因为作了后母后婆，她更事事留心，事事格外容忍。大哥的女儿比我只小一岁，她的饮食衣料总和我的一样。我和她有小當做不曾看見這群人。到了近半夜，我母親才從後門出去，求一位鄰舍本家到我家來，每一家債戶開發一點錢。說好說歹的，這一群討債的才一個一個提着燈籠走出去。一會兒，大哥敲門回來了。我母親從不罵他一句。並且因爲是新年，她臉上從不露出一點怒色。這樣的年，我過了六七次。

大嫂是個最無能而又最不懂事的人，二嫂是個很能幹而氣量很窄小的人。她們常常鬧意見，只因爲我母親的和氣榜樣，她們還不曾有公然相打相罵的事。她們鬧氣時，只是不說話，不答話，把臉板起來，叫人難受。二嫂生氣時，臉色變青，更是怕人。她們對我母親鬧氣時也是如此。我起初全不懂得這一套，後來也漸漸懂得看人的臉色了。我漸漸明白，世間最可厭惡的事莫如一張生氣的臉，世間最下流的事莫如把生氣的臉擺給旁人看。這比打罵還難受。

我母親氣量大，性子好，又因爲作了後母後婆，她更事事留心，事事格外容忍。大哥的女兒比我只小一歲，她的飲食衣料總和我的一樣。我和她有小争执，总是我吃亏，母亲总是责备我，要我事事让她。后来大嫂二嫂都生了儿子，她们生气时便打骂孩子出气，一面打，一面用尖刻有刺的话骂给别人听。我母亲只装作没听见。有时候，她实在忍不住了，便悄悄走出门去，到左邻或右舍去坐一会。她从不和两个嫂子吵一句嘴。

我母亲待人最仁慈，最温和，从来没有一句伤人感情的话。但她有时候也很有刚气，不受一点人格上的侮辱。我家五叔是个无正业的人，有一天在烟馆里发牢骚，说我母亲家中有事总请某人帮忙，大概总有什么好处给他。这句话传到我母亲耳朵里，她气得大哭，请了几位本家来，把五叔喊来，当面质问他她给了某人什么好处。直到五叔当众认错赔罪，她才罢休。

我在我母亲的教训之下住了九年，受了她极大极深的影响。我十四岁（其实只有十二岁零两三个月）就离开她了，在这广漠的人海里独自混了二十多年，没有一个人管束过我。如果我学得了一丝一毫的好脾气,如果我学得了一点点待人接物的和气，爭執，總是我吃虧，母親總是責備我，要我事事讓她。後來大嫂二嫂都生了兒子，她們生氣時便打罵孩子出氣，一面打，一面用尖刻有刺的話罵給別人聽。我母親只裝作沒聽見。有時候，她實在忍不住了，便悄悄走出門去，到左鄰或右舍去坐一會。她從不和兩個嫂子吵一句嘴。

我母親待人最仁慈，最溫和，從來沒有一句傷人感情的話。但她有時候也很有剛氣，不受一點人格上的侮辱。我家五叔是個無正業的人，有一天在烟館裏發牢騷，說我母親家中有事總請某人幫忙，大概總有什麽好處給他。這句話傳到我母親耳朶裏，她氣得大哭，請了幾位本家來，把五叔喊來，當面質問他她給了某人什麽好處。直到五叔當衆認錯賠罪，她才罷休。

我在我母親的教訓之下住了九年，受了她極大極深的影響。我十四歲（其實只有十二歲零兩三個月）就離開她了，在這廣漠的人海裏獨自混了二十多年，沒有一個人管束過我。如果我學得了一絲一毫的好脾氣，如果我學得了一點點待人接物的和氣，

217

如果我能宽恕人，体谅人，我都得感谢我的慈母。

讨论问题：

1. 胡适的父亲是个怎么样的人？

2. 谈谈胡适父母的婚姻。

3. 胡适的母亲是个什么样的人？

4. 九年的家乡教育给了胡适什么影响？

5. 胡适在二十年代初期曾严厉地批判过中国的孝道，从胡适与他母亲的关系中，你觉得胡适是不是一个"孝顺"的儿子？

6. 胡适母亲十七岁结婚，这时胡适的父亲已经四十九岁了，结婚以后六年，她就成了寡妇，守寡守了二十三年。是什么力量能让一个年轻的女子守寡一辈子？

如果我能寬恕人，體諒人，我都得感謝我的慈母。

討論問題:

    1.胡適的父親是個怎麼樣的人?

    2.談談胡適父母的婚姻。

    3.胡適的母親是個什麼樣的人?

    4.九年的家鄉教育給了胡適什麼影響?

    5.胡適在二十年代初期曾嚴厲地批判過中國的孝道，從胡適與他母親的關係中，你覺得胡適是不是一個"孝順"的兒子?

    6.胡適母親十七歲結婚，這時胡適的父親已經四十九歲了，結婚以後六年，她就成了寡婦，守寡守了二十三年。是什麼力量能讓一個年輕的女子守寡一輩子?

（十）

毛泽东的童年

-萧 三-

背景简介:

萧三，原名萧子暲（1896-1983），现代诗人，翻译家和社会活动家。湖南湘乡人。在县立东山高等小学堂与毛泽东同学。省立第一师范毕业以后与毛泽东交往甚密，参加毛泽东发起组织的"新民学会"。1920年赴法国勤工俭学。1922年加入中国共产党并去莫斯科作短期居留，回国后主要从事文化工作。

毛泽东（1893-1976）是中国近代史上影响最大的政治领袖。史学家冯友兰曾说他"兼有了中国传统文化中的所谓"君、师"的地位和职能。因此，他在中国现代革命中，立下了别人所不能立的功绩，也犯下了别人所不能犯的错误。"（《中国哲学史新编》第七册，台北: 蓝灯，1991，页115）这是公允的论断。

萧三所写的〈毛泽东的童年〉是毛泽东传记资料中较早的文献。我们相信其中的叙述或许有失实，夸张的地方，但这还是为我们了解毛泽东的个性和童年提供了一定的信息。

〈毛泽东的童年〉节选自萧三的《毛泽东的青年时代》（香港: 新民主出版社，1949）页3-26。

（十）

毛澤東的童年

-蕭　三-

Xiao San, original name Xiao Zizhang (1896-1983), a modern poet, translator, and social activist, was a native of Xiang County, Hunan, and a classmate of Mao Zedong at the Dongshan County Upper Elementary School. After graduating from the First Teachers' College, he became very close to Mao and joined Mao's Society of New Citizens. In 1920, Xiao attended a work-study program in France, and in 1922, he joined the Chinese Communist Party and went to Moscow for a short stay. Upon his return to China he became involved in cultural activities.

Mao Zedong (1893-1976) was the most influential political leader of modern China. Feng Youlan, the historian, said of Mao," He had what would be considered in traditional China, the position and capacity of both an emperor and teacher. As a result, during the revolutions in modern China he accomplished what no one else could accomplish, but he also committed wrongs that no one else could commit." (*Zhongguo zhexueshi xinbian*, vol. 7, Taibei: Landeng 1991, p. 115.).

"Mao Zedong's Childhood" written by Xiao San, was one of the earliest documents of Mao's biography. We believe it contains accounts that are untrue and exaggerated. Nevertheless, this work provides information about Mao's personality and childhood.

"Mao Zedong's Childhood" is an excerpt from *Mao Zedong de qingnian shidai* (Mao Zedong's Youth) (Hong Kong: Xinminzhu chubanshe.) 1949.

（十）

毛泽东的童年

-萧　三-

一．　中国农民的儿子

　　湖南省、湘潭县、上七都、清溪乡、韶山冲有十里路长。在这山清水秀的村子里,有一些稀稀落落的房屋，住着毛、孙、李、邹、彭、郭几姓人，也有少数姓庞、姓蒋与姓钟的。他们大都是以务农为主，忠厚朴实勤劳善良的老百姓。

　　公历一千八百九十三年 —— 清光绪十九年，阴历癸巳年十一月十九日，毛泽东就出生在这个村子里。

　　毛泽东的父亲名顺生，本是一个贫农，身材高大，晚年蓄有胡子，体格和个性都很强健。他很勤俭，为人精明，善於经管家务。青年时代因负债过多，只好出外当兵。一年多后回到家乡，做些小买卖等，省吃省用，积下了一点钱，就把自己的十五亩田地买了回来，自己

（十）

毛澤東的童年

-蕭　三-

一．　中國農民的兒子

湖南省、湘潭縣、上七都、清溪鄉、韶山衝有十里路長。在這山清水秀的村子裏，有一些稀稀落落的房屋，住着毛、孫、李、鄒、彭、郭幾姓人，也有少數姓龐、姓蔣與姓鍾的。他們大都是以務農爲主，忠厚樸實勤勞善良的老百姓。

公曆一千八百九十三年 ── 清光緒十九年，陰曆癸巳年十一月十九日，毛澤東就出生在這個村子裏。

毛澤東的父親名順生，本是一個貧農，身材高大，晚年蓄有鬍子，體格和個性都很強健。他很勤儉，爲人精明，善於經管家務。青年時代因負債過多，只好出外當兵。一年多後回到家鄉，做些小買賣等，省吃省用，積下了一點錢，就把自己的十五畝田地買了回來，自己

223

耕种，於是成了中农。毛家这时五口人：毛泽东的祖父、父亲、母亲、他自己（那时十岁）和弟弟泽民。父亲凭每年食用的剩余，积成资本，又买了七亩田。两年后祖父去世了，添了弟弟泽覃，还是五口人。现在剩余更多了，家产渐渐发展起来了，加之父亲作些贩运谷米和贩猪的生意，於是由中农成为了富农。

二． 六岁就开始劳动

十九世纪末二十世纪初，世界资本主义发展进入帝国主义，加紧对外扩张侵略。中国再不能闭关自守了。"万里长城"事实上已完全被洋枪、大炮、米突尺和十字架（即军事、经济和文化侵略）所冲倒。自从一八四〇年（毛泽东诞生前五十三年）鸦片战争以来，中国又经受了多次的外国侵略战争，被迫订立了许多不平等条约，丧失了大量的独立自主国家的主权,和许多块领土。各帝国主义国家在中国划分各自的"势力范围"。我们这五千年来的东方文明古国，逐渐地变成了任人宰割的半殖民地，并面临着被列强瓜分的危险。

耕種，於是成了中農。毛家這時五口人：毛澤東的祖父、父親、母親、他自己（那時十歲）和弟弟澤民。父親憑每年食用的剩餘，積成資本，又買了七畝田。兩年後祖父去世了，添了弟弟澤覃，還是五口人。現在剩餘更多了，家產漸漸發展起來了，加之父親作些販運穀米和販豬的生意，於是由中農成爲了富農。

二． 六歲就開始勞動

十九世紀末二十世紀初，世界資本主義發展進入帝國主義，加緊對外擴張侵略。中國再不能閉關自守了。"萬里長城"事實上已完全被洋槍、大炮、米突尺和十字架（即軍事、經濟和文化侵略）所衝倒。自從一八四０年（毛澤東誕生前五十三年）鴉片戰爭以來，中國又經受了多次的外國侵略戰爭，被迫訂立了許多不平等條約，喪失了大量的獨立自主國家的主權,和許多塊領土。各帝國主義國家在中國劃分各自的"勢力範圍"。我們這五千年來的東方文明古國，逐漸地變成了任人宰割的半殖民地，並面臨着被列强瓜分的危險。

（十）毛泽东的童年

　　湖南湘潭在鸦片战争后的十多近二十年的光景，成了帝国主义在中国的一个市场。当时凡是外国运来的货物，到了广东上岸后，就先运到湘潭，由湘潭再运去中国内地。中国的丝茶运去外国时，也先在湘潭装箱，然后再运广州放洋。湘潭和广州之间，商务非常繁盛。陆路肩货的工人不下十万人。毛泽东的父亲处在这样一个乡村中，全靠自己的辛苦勤俭，努力经营，建立了他的家务。他和他家人的生活有一种新兴的气象。现在他家的主人——家长用自己大部分的时间和精力做贩运谷米和猪的生意，由本乡运到湘潭、宁都（宁田市）、长沙等大城市去出卖。家里就雇一个长工耕种田地。农忙的时候，如插秧、踹田、秋收打稻，有时还雇几个零工。此外许多的事，就叫自己的妻室和儿子劳动。在冬天磨米忙的时候又临时雇一个短工，所以这时候吃饭的便是七个。吃的很节省，但总是够饱的。

　　毛泽东在六七岁的时候，便开始在田地里劳动了。到十三岁时,他白天要在地里做一个成年人所做的工作，晚上还要帮父亲记账，因为这时他已经是全家"最有学问"的人了，就是说，识字最多。此外，他父亲常在夏

226

　　湖南湘潭在鴉片戰爭後的十多近二十年的光景，成了帝國主義在中國的一個市場。當時凡是外國運來的貨物，到了廣東上岸後，就先運到湘潭，由湘潭再運去中國內地。中國的絲茶運去外國時，也先在湘潭裝箱，然後再運廣州放洋。湘潭和廣州之間，商務非常繁盛。陸路肩貨的工人不下十萬人。毛澤東的父親處在這樣一個鄉村中，全靠自己的辛苦勤儉，努力經營，建立了他的家務。他和他家人的生活有一種新興的氣象。現在他家的主人——家長用自己大部分的時間和精力做販運穀米和豬的生意，由本鄉運到湘潭、寧都（寧田市）、長沙等大城市去出賣。家裏就僱一個長工耕種田地。農忙的時候，如插秧、踹田、秋收打稻，有時還僱幾個零工。此外許多的事，就叫自己的妻室和兒子勞動。在冬天磨米忙的時候又臨時僱一個短工，所以這時候吃飯的便是七個。吃的很節省，但總是夠飽的。

　　毛澤東在六七歲的時候，便開始在田地裏勞動了。到十三歲時，他白天要在地裏做一個成年人所做的工作，晚上還要幫父親記賬，因為這時他已經是全家"最有學問"的人了，就是說，識字最多。此外，他父親常在夏天的月亮底下教他和他弟弟打算盘，要他们学习用两只手同时打。但他们吃的只有糙米饭和蔬菜，逢每月的初一、十五,家里给雇工们吃点鸡蛋和鱼之类（很少吃肉），他和母亲、弟弟是没有份的。

从小就耕种田地，从小就受了劳动的锻炼，所以毛泽东深深地知道中国农民群众生活的痛苦与要求。毛泽东自己就是农家子出身，这个出身，这个环境，使得他从小就和农民群众有密切的联系。

三. 一个诚实的孩子

毛泽东的母亲姓文，湘乡四都唐家圫人。她中等身材，方正的面庞，和善的眼睛,是一个德性很好的女人。她常怜惜穷人，肯给人帮助。每逢荒年旱月，她背着丈夫，把米施舍给饥饿的人们。她的贤良在乡下是有名的。同时她的治家节俭也是有名的。她除抚养儿辈外，要作一般农妇所作的事情—— 做饭、拾柴、纺棉、缝补和浆洗……。

毛泽东非常爱母亲，孝母亲。他对母亲是一贯温顺，天的月亮底下教他和他弟弟打算盤，要他們學習用兩隻手同時打。但他們吃的只有糙米飯和蔬菜，逢每月的初一、十五,家裏給僱工們吃點鷄蛋和魚之類（很少吃肉），他和母親、弟弟是没有份的。

從小就耕種田地，從小就受了勞動的鍛鍊，所以毛澤東深深地知道中國農民群眾生活的痛苦與要求。毛澤東自己就是農家子出身，這個出身，這個環境，使得他從小就和農民群眾有密切的聯繫。

三.　一個誠實的孩子

毛澤東的母親姓文，湘鄉四都唐家坨人。她中等身材，方正的面龐，和善的眼睛,是一個德性很好的女人。她常憐惜窮人，肯給人幫助。每逢荒年旱月，她背着丈夫，把米施捨給饑餓的人們。她的賢良在鄉下是有名的。同時她的治家節儉也是有名的。她除撫養兒輩外，要作一般農婦所作的事情 — 做飯、拾柴、紡棉、縫補和漿洗……。

毛澤東非常愛母親，孝母親。他對母親是一貫温順，体贴入微的。母亲的一切美德，对毛泽东的影响很大。

乡间传说着这样的几个故事：

有一年，秋收时节，农民们把稻谷打了下来，都摊在坪里晒着。忽然，天下起雨来了。大家忙着收谷子。幼年的毛泽东不收自己家里的谷子，而先帮助一个做佃户的去收。父亲生气了。毛泽东说：人家家里很苦，还要交租，损失一点就不得了；我们自己家里的，自然不大要紧些……。

一个冬天，毛泽东离家去学校读书。路上遇着一个穷苦的青年，他在风雪的冷天里还只穿着一件单衣，冻得发抖。毛泽东和他谈了几句话之后，就脱下自己的一件外套给了他。到假期回家，家里检查他的衣服时，才发现少了一件，他照实地说了出来。

又有一次，旧历年底，父亲叫毛泽东去人家取回一笔猪钱。在回家的路上，碰见了一些衣服褴褛的可怜人，他就把手中的现钱都给了他们。

四. 从小就好学

體貼入微的。母親的一切美德，對毛澤東的影響很大。

鄉間傳說着這樣的幾個故事:

有一年，秋收時節，農民們把稻穀打了下來，都攤在坪裏曬着。忽然，天下起雨來了。大家忙着收穀子。幼年的毛澤東不收自己家裏的穀子，而先幫助一個做佃戶的去收。父親生氣了。毛澤東說: 人家家裏很苦，還要交租，損失一點就不得了;我們自己家裏的，自然不大要緊些……。

一個冬天,毛澤東離家去學校讀書。路上遇着一個窮苦的青年，他在風雪的冷天裏還只穿着一件單衣，凍得發抖。毛澤東和他談了幾句話之後，就脫下自己的一件外套給了他。到假期回家，家裏檢查他的衣服時，才發現少了一件，他照實地說了出來。

又有一次，舊曆年底，父親叫毛澤東去人家取回一筆猪錢。在回家的路上,碰見了一些衣服襤褸的可憐人，他就把手中的現錢都給了他們。

四.　從小就好學

231

毛泽东八岁开始念书，一直到十三岁才离开私塾。当时私塾里所教的经书，对於儿童是枯燥无味到了极点的。那时的教授法，只是叫儿童死记、背诵。但是书里面说的什么，先生并不讲，讲也讲不清楚。小学生大都是莫名其妙，有的完全不懂，有的只是似乎可懂……毛泽东那时就反对读死书。他不喜欢经书，而喜欢中国流行的许多小说：像"西游记"啦，"封神演义"啦，稍晚就是"水浒传"啦，"三国演义"啦……等等。在私塾时，他把小说藏在经书底下偷着读，老师走过的时候，就用经书盖住。他虽不喜欢经书，但一读就能记得，所以就有工夫看小说。先生要他背诵经书，他就都能背出来，因此虽偶然知道他在看那些"杂书"，也没有办法责备他。小说里的故事人物，毛泽东都记得非常熟，小时便常向别人讲述，和大家谈论。那些读物后来对他的影响也很大。

十三岁的那一年，毛泽东走出了私塾，整天在田地里工作，夜晚则帮助他父亲记账。这样当然很忙，也相当疲倦。但他还是继续读书。在夜晚记账后，读所有可能找到的书。他父亲不高兴：一来，儿子读的不是经史；

　　毛澤東八歲開始念書，一直到十三歲才離開私塾。當時私塾裏所教的經書，對於兒童是枯燥無味到了極點的。那時的教授法，只是叫兒童死記、背誦。但是書裏面説的什麼，先生並不講，講也講不清楚。小學生大都是莫名其妙，有的完全不懂，有的只是似乎可懂……毛澤東那時就反對讀死書。他不喜歡經書，而喜歡中國流行的許多小説：像"西遊記"啦，"封神演義"啦，稍晚就是"水滸傳"啦，"三國演義"啦……等等。在私塾時，他把小説藏在經書底下偷着讀，老師走過的時候，就用經書蓋住。他雖不喜歡經書，但一讀就能記得，所以就有工夫看小説。先生要他背誦經書，他就都能背出來，因此雖偶然知道他在看那些"雜書"，也没有辦法責備他。小説裏的故事人物，毛澤東都記得非常熟，小時便常向別人講述，和大家談論。那些讀物後來對他的影響也很大。

　　十三歲的那一年，毛澤東走出了私塾，整天在田地裏工作，夜晚則幫助他父親記賬。這樣當然很忙，也相當疲倦。但他還是繼續讀書。在夜晚記賬後，讀所有可能找到的書。他父親不高興：一來，兒子讀的不是經史；

再则要节省灯油呀。毛泽东就用蓝布被子遮住窗户，使父亲看不见灯光。在这间非常简陋的屋子里，在桐油或菜油灯光下面，他读了他所能找到的许多书。

传说着这样一个故事：有一次毛泽东在野外放牛。他让牛吃草，自己却在大树荫下的草地上悠闲地看书。他看得那样地出神，忘记了一切。牛跑到邻人菜园里去了，他也不知道。等邻人发觉后，几乎闹了一场大乱子，结果以赔偿了事。

五. 被压迫人们和贫苦农民的幼年同情者

毛泽东继续阅读中国的旧小说。他尤其喜欢读那些反抗统治阶级压迫的故事。有一天，他忽然发现了一个问题：为什么那些小说故事里面的人物，只有帝王将相，圣贤君子，英雄豪杰……而却没有他经常所见所接触的耕田的农人呢？这事他奇怪了很久——整整一年多到两年。后来毛泽东发现了：原来旧小说里面的人物都是一些统治者、压迫者、剥削者，他们自己不耕种，占了土地叫农民替他们劳动。

再則要節省燈油呀。毛澤東就用藍布被子遮住窗户，使父親看不見燈光。在這間非常簡陋的屋子裏，在桐油或菜油燈光下面，他讀了他所能找到的許多書。

傳説着這樣一個故事: 有一次毛澤東在野外放牛。他讓牛吃草，自己却在大樹蔭下的草地上悠閑地看書。他看得那樣地出神，忘記了一切。牛跑到鄰人菜園裏去了，他也不知道。等鄰人發覺後，幾乎鬧了一場大亂子，結果以賠償了事。

五. 被壓迫人們和貧苦農民的幼年同情者

毛澤東繼續閱讀中國的舊小説。他尤其喜歡讀那些反抗統治階級壓迫的故事。有一天，他忽然發現了一個問題: 爲什麼那些小説故事裏面的人物，只有帝王將相，聖賢君子，英雄豪傑……而却没有他經常所見所接觸的耕田的農人呢? 這事他奇怪了很久 — 整整一年多到兩年。後來毛澤東發現了: 原來舊小説裏面的人物都是一些統治者、壓迫者、剥削者，他們自己不耕種，占了土地叫農民替他們勞動。

这是具有重大意义的怀疑与发现。自古来多少人都读了那些旧小说的，却都没有想到这个问题，但毛泽东怀疑了，发现问题了，这也可见他从小就肯用脑子，肯深刻地思想，善於思考一些很普遍的但为大家所不注意的现象与问题，和为广大劳动人民群众着想。

韶山冲本地出了一个"维新派"教员，那时他反对迷信，打菩萨，办学堂，劝人用庙产兴学。乡人都反对他。毛泽东却钦慕他，赞同他的意见（但毛泽东在八九岁的时候却曾信神，因为他的母亲是非常信神的。他的父亲不信神,他还和母亲讨论过,如何劝父亲也信起来……后来读了一些新书，他对神开始怀疑了，到这时候，他几乎完全不信神了）。

这些事情，给了幼年的毛泽东非常深的印象。他对於农民的痛苦，更加关怀了。对於农民的群众运动，他不仅同情，而且感觉到这是一个伟大的力量;另一方面，他对於统治阶级的行事，对於统治者用以愚民的神，都存着反抗的心思了。他同情被统治者与被压迫者，和广大贫苦农民群众在一道。

　　這是具有重大意義的懷疑與發現。自古來多少人都讀了那些舊小說的，却都没有想到這個問題，但毛澤東懷疑了，發現問題了，這也可見他從小就肯用腦子，肯深刻地思想，善於思考一些很普遍的但爲大家所不注意的現象與問題，和爲廣大勞動人民群衆着想。

　　韶山衝本地出了一個"維新派"教員，那時他反對迷信，打菩薩，辦學堂，勸人用廟産興學。鄉人都反對他。毛澤東却欽慕他，贊同他的意見（但毛澤東在八九歲的時候却曾信神，因爲他的母親是非常信神的。他的父親不信神,他還和母親討論過,如何勸父親也信起來……後來讀了一些新書，他對神開始懷疑了，到這時候，他幾乎完全不信神了）。

　　這些事情，給了幼年的毛澤東非常深的印象。他對於農民的痛苦，更加關懷了。對於農民的群衆運動，他不僅同情，而且感覺到這是一個偉大的力量;另一方面，他對於統治階級的行事，對於統治者用以愚民的神，都存着反抗的心思了。他同情被統治者與被壓迫者，和廣大貧苦農民群衆在一道。

六. 但他是倔强的

毛泽东的父亲因事生气，打两个儿子。他总是站着不动，挨了父亲的打也不哭。

父亲对待家人非常严厉，经常无理由地责备儿子懒惰，说他不孝……毛泽东起来反抗。经验使他明白了：当他用公开反抗的方法来保卫自己的权利时，他父亲就和善一点；当他怯懦屈服时，父亲却打骂得更凶。他找到了用"斗争"以"自卫"的办法。

毛泽东九岁的时候就进行了他的"自卫斗争"。本来他在本乡那个私塾读书时，早上和晚间仍然须要在田里劳动。谁都知道，旧时代教私塾的先生是最喜欢打人的。"棍子底下出好人"，旧日的父兄师长，就凭这个"理论"来"教育"儿童。毛泽东的这位老师当然不是例外的。打板子，打手心，打头、脚、股，罚跪……这些是普通的体罚或肉刑。但是毛泽东反抗了。这一次他作的是消极的抵抗——逃学，出走。他怕再挨先生的打，不敢回家。他只往山下走，朝着一个想像的城市的方向走去。谁知走了三天，还只是在一个山谷里兜圈子，离

六. 但他是倔强的

毛澤東的父親因事生氣，打兩個兒子。他總是站着不動，挨了父親的打也不哭。

父親對待家人非常嚴厲，經常無理由地責備兒子懶惰，説他不孝……毛澤東起來反抗。經驗使他明白了：當他用公開反抗的方法來保衛自己的權利時，他父親就和善一點；當他怯懦屈服時，父親却打罵得更凶。他找到了用"鬥爭"以"自衛"的辦法。

毛澤東九歲的時候就進行了他的"自衛鬥爭"。本來他在本鄉那個私塾讀書時，早上和晚間仍須要在田裏勞動。誰都知道，舊時代教私塾的先生是最喜歡打人的。"棍子底下出好人"，舊日的父兄師長，就憑這個"理論"來"教育"兒童。毛澤東的這位老師當然不是例外的。打板子，打手心，打頭、脚、股，罰跪……這些是普通的體罰或肉刑。但是毛澤東反抗了。這一次他作的是消極的抵抗 —— 逃學，出走。他怕再挨先生的打，不敢回家。他只往山下走，朝着一個想像的城市的方向走去。誰知走了三天，還只是在一個山谷裏兜圈子，離家不过十来里路远，终于被家里找回去了。但回家之后，出乎他意料之外，情形好了些：父亲不像从前那样暴戾了，塾师也温和多了。这一次反抗行为的结果，给了毛泽东非常深刻的印象，他自己后来对人笑着说：他的"罢工"斗争胜利了——幽默地引用这些新的术语。

毛泽东幼年时代另一次反抗封建家庭的斗争，就是他十来岁的时候，引经据典和他的父亲辩论，以及拿脱离家庭和自杀相威胁，使得父亲的暴力政策归于失败。一次，他父亲当着许多客人的面骂他"好吃懒做"。这个罪名对他显然是不真实的、冤枉的。他小小年纪就和大人一样劳动了，怎么是"懒做"呢？吃的是糙米饭和油盐很少的蔬菜，仅仅为了不饿肚子，不消说吃猪肉，就连鸡蛋、咸鱼都没有得吃，怎么说是"好吃"呢？他蒙了这罪名，越想越不服气。就据实反驳了父亲几句，声言要离开家里，而且往外就跑。母亲出来追他，劝他回去。父亲也赶来命令他回去，但同时还是骂他。他已经走到住屋前两个水塘中间的路上。看见父亲来势很凶，于是他说，如果父亲再追上来打他，他就跳到水里去……结果讲和了，这一面，他向父亲磕头请罪；那一面，父家不過十來里路遠，終於被家裏找回去了。但回家之後，出乎他意料之外，情形好了些：父親不像從前那樣暴戾了，塾師也溫和多了。這一次反抗行爲的結果，給了毛澤東非常深刻的印象，他自己後來對人笑着説：他的"罷工"鬥爭勝利了 —— 幽默地引用這些新的術語。

毛澤東幼年時代另一次反抗封建家庭的鬥爭，就是他十來歲的時候，引經據典和他的父親辯論，以及拿脱離家庭和自殺相威脅，使得父親的暴力政策歸於失敗。一次，他父親當着許多客人的面罵他"好吃懶做"。這個罪名對他顯然是不真實的、冤枉的。他小小年紀就和大人一樣勞動了，怎麽是"懶做"呢？吃的是糙米飯和油鹽很少的蔬菜，僅僅爲了不餓肚子，不消説吃豬肉，就連鷄蛋、鹹魚都没有得吃，怎麽説是"好吃"呢？他蒙了這罪名，越想越不服氣。就據實反駁了父親幾句，聲言要離開家裏，而且往外就跑。母親出來追他，勸他回去。父親也趕來命令他回去，但同時還是罵他。他已經走到住屋前兩個水塘中間的路上。看見父親來勢很凶，於是他説，如果父親再追上來打他,他就跳到水裏去……結果講和了，這一面，他向父親磕頭請罪;那一面，父亲不再打他了。客人散了，他随着母亲回到家里。父亲进去了，躺在床上。母亲领他走进房里去，叫他对父亲跪下，但他只跪一只脚。母亲在旁边用手压他的肩膀，叫他双膝跪下去。一场风暴才算平息。从此毛泽东更加懂得了：只有反抗，只有斗争，才有胜利！

所谓引经据典跟父亲斗争，那就是他父亲经常责备他懒惰和不孝，他就据理力争，为自己辩护。关于"懒惰"，毛泽东说：年纪大些的应该比年纪小的多做工。父亲的年纪既然有自己的三倍大，因此应多工作些；而他到了父亲那样大的时候，一定比父亲更出力地做工。关于"不孝"，他说：经书上讲的，"父慈子孝"，"父慈"在先，就是说，必父先慈而后子孝。

父亲勤劳生产，以至起家。毛泽东自己也从小就参加劳动。但是他父亲作米生意赚钱一事，甚至在荒年亦不肯平价卖出去，这是儿子所极不赞成的。他们父子间的"矛盾"，这些观点的不同是主要原因之一。

毛泽东反对他父亲的专制，自然同情在父权下受压迫的母亲。母亲不赞成父亲那种治家的办法，但不直接公开反抗，只是从容劝说，或消极抵抗。这种不平现象親不再打他了。客人散了，他隨着母親回到家裏。父親進去了，躺在床上。母親領他走進房裏去，叫他對父親跪下，但他只跪一隻脚。母親在旁邊用手壓他的肩膀，叫他雙膝跪下去。一場風暴才算平息。從此毛澤東更加懂得了: 只有反抗，只有鬥爭，才有勝利!

所謂引經據典跟父親鬥爭，那就是他父親經常責備他懶惰和不孝，他就據理力爭，爲自己辯護。關於"懶惰"，毛澤東説: 年紀大些的應該比年紀小的多做工。父親的年紀既然有自己的三倍大，因此應多工作些;而他到了父親那樣大的時候，一定比父親更出力地做工。關於"不孝"，他説：經書上講的，"父慈子孝"，"父慈"在先，就是説，必父先慈而後子孝。

父親勤勞生產，以至起家。毛澤東自己也從小就參加勞動。但是他父親作米生意賺錢一事，甚至在荒年亦不肯平價賣出去，這是兒子所極不贊成的。他們父子間的"矛盾"，這些觀點的不同是主要原因之一。

毛澤東反對他父親的專制，自然同情在父權下受壓迫的母親。母親不贊成父親那種治家的辦法，但不直接公開反抗，只是從容勸説，或消極抵抗。這種不平現象对幼年的毛泽东是很大的刺激，这也种下了他反对封建家庭压迫制度的根吧，虽然那时候说不出"封建"、"家长制度"这些名词。而在当时他和严厉独裁的父亲斗争的方法之一，便是联合母亲、兄弟以及长工结成"统一战线"，以和压迫者对抗。同时他自己努力劳动，小心记账，这样，父亲也就没有指摘他的口实了。

讨论问题：

1. 毛泽东和他父亲的关系怎么样？在他个性发展的过程中，他的父亲起了什么作用？

2. 叙述毛泽东的家庭背景。

3. 在这篇传记中，作者想把毛泽东塑造成一个什么样的人物？

4. 你觉得这是一篇文学作品还是一种政治宣传？为什么？

對幼年的毛澤東是很大的刺激，這也種下了他反對封建家庭壓迫制度的根吧，雖然那時候說不出"封建"、"家長制度"這些名詞。而在當時他和嚴厲獨裁的父親鬥爭的方法之一，便是聯合母親、兄弟以及長工結成"統一戰線"，以和壓迫者對抗。同時他自己努力勞動，小心記賬，這樣，父親也就沒有指摘他的口實了。

討論問題:

1. 毛澤東和他父親的關係怎麼樣? 在他個性發展的過程中，他的父親起了什麼作用?

2. 敘述毛澤東的家庭背景。

3. 在這篇傳記中，作者想把毛澤東塑造成一個什麼樣的人物?

4. 你覺得這是一篇文學作品還是一種政治宣傳? 為什麼?

（十一）

文学与革命

-梁实秋-

背景简介:

　　梁实秋（1902-1991）是三十年代一位活跃的文学批评家和散文家。1949年以后，梁实秋在台湾的主要工作除了教授英国文学外，也主编了大量的英汉及汉英字典，并完成了莎士比亚戏剧的翻译工作。

　　梁实秋1923年留学美国，在科罗拉多大学学习，次年入哈佛大学。1926年回国以后任教于国立东南大学。1928年与胡适及徐志摩等人组织"新月社，"与当时的左翼作家展开激烈的辩论。〈文学与革命〉即为当时发表的一篇文章。强调文学不为任何一个特定的阶级服务。所谓革命文学或"无产阶级的文学"只是一种政治宣传。这个看法与当时左翼作家联盟所提倡的"普罗文学"形成了尖锐的对比。这篇文章虽然写在三十年代，但却依旧是当代中国一个极应探讨的问题。

　　〈文学与革命〉选自梁实秋《偏见集》（上海: 上海书店，据1934年正中书局本影印）页1-16。

（十一）

文學與革命

-梁實秋-

Liang Shiqiu (1902-1991) was an active critic and essayist during the 1930's. After 1949, Liang Shiqiu taught English literature and compiled and edited a great number of Chinese-English and English-Chinese dictionaries in Taiwan. During the same period he also translated Shakespeare's plays into Chinese.

Liang left China in 1923 to study at Colorado College, later continuing at Harvard. Upon his return to China in 1926, he began teaching at National Southeast University. In 1928, Liang took part in founding of the Crescent Society along with Hu Shi, Xu Zhimo, and others. These members debated left wing writers over the function of literature. "Literature and Revolution" was one of the articles published during this period. It emphasized that literature was not to serve any particular social class. So called revolutionary literature, or "literature for proletariats" was no more than political propaganda. This opinion was in sharp contrast with the proletariat literature promoted by the left wing writers' league. Although this article was written in the 1930's, it still holds many issues worthy of discussion in China today.

"Literature and Revolution" was selected from Liang Shiqiu's *Pianjianji*. (Shanghai: Shanghai shudian,1934), pp. 1-16.

（十一）

文学与革命

-梁实秋-

文学是什么，我们已经常常听说过;革命是什么，我们不但听说过，并且已经目睹了。文学与革命二者之间的关系，是我们平常不大注意的一个问题，而又是我们不能不加以考虑的，尤其是在如今"革命的文学"的呼声高唱入云的时候。

我先问: 革命究竟是怎么一回事?

一切的文明，都是极少数天才的创造。科学、艺术、文学、宗教、哲学、文字以及政治思想、社会制度都是少数聪明才智过人的人所产生出来的。当然天才并不含有丝毫神圣的意味。天才之所以成为天才，不过是因为他的天赋特别厚些，眼光特别远些，理智特别强些，感觉特别敏些,一般民众所不能感觉，所不能透视，所不能领悟的，天才偏偏能。所以极自然的，极合理的，在一个团体里，无论是政治的组织或是社会的结合，总是比较优秀的

（十一）

文學與革命

-梁實秋-

文學是什麼，我們已經常常聽說過;革命是什麼，我們不但聽說過，並且已經目睹了。文學與革命二者之間的關係，是我們平常不大注意的一個問題，而又是我們不能不加以考慮的，尤其是在如今“革命的文學”的呼聲高唱入雲的時候。

我先問: 革命究竟是怎麼一回事?

一切的文明，都是極少數天才的創造。科學、藝術、文學、宗教、哲學、文字以及政治思想、社會制度都是少數聰明才智過人的人所產生出來的。當然天才並不含有絲毫神聖的意味。天才之所以成為天才，不過是因為他的天賦特別厚些，眼光特別遠些，理智特別強些，感覺特別敏些,一般民眾所不能感覺，所不能透視，所不能領悟的，天才偏偏能。所以極自然的，極合理的，在一個團體裏，無論是政治的組織或是社會的結合，總是比較優秀的

249

份子占领袖或统治者的地位,事实上也常常是如此。比较优秀的份子，如完全是依赖他的聪明才智以达到这种地位，这便是一个常态的、自然的路程。无论哪一个国家，哪一个团体，有这样的优秀份子领导着、统治着，那就是幸福。少数的优秀的天才的任务，即在于根据他的卓越的才智为团体谋最大的幸福。真的天才永远不是社会的寄生虫，而是一般民众所不能少的引导者。所以在常态的状况下，民众对艺术的天才是赞美，对科学的天才是钦佩，对政治的天才是拥护。

但是人性不是尽善的，处于政治团体或社会组织的领袖地位的人，常常不尽是有领袖资格的人，往往只是平庸甚至恶劣的份子，因为机会或世袭，强据了统治者与领导者的地位。这样的假的领袖，对民众不但没有贡献，或许还有压迫。真的天才隐在民众里面，到忍无可忍的时机，就要领导群众或指示群众作反抗的运动。这个反抗运动,便是革命。所以我们对于革命有应注意的几点:

一.革命的运动是在变态的政治生活之下产生

250

份子占領袖或統治者的地位,事實上也常常是如此。比較優秀的份子，如完全是依賴他的聰明才智以達到這種地位，這便是一個常態的、自然的路程。無論哪一個國家，哪一個團體，有這樣的優秀份子領導着、統治着，那就是幸福。少數的優秀的天才的任務，即在於根據他的卓越的才智爲團體謀最大的幸福。真的天才永遠不是社會的寄生蟲，而是一般民衆所不能少的引導者。所以在常態的狀況下，民衆對藝術的天才是贊美，對科學的天才是欽佩，對政治的天才是擁護。

但是人性不是盡善的，處於政治團體或社會組織的領袖地位的人，常常不盡是有領袖資格的人，往往只是平庸甚至惡劣的份子，因爲機會或世襲，强據了統治者與領導者的地位。這樣的假的領袖，對民衆不但沒有貢獻，或許還有壓迫。真的天才隱在民衆裏面，到忍無可忍的時機，就要領導群衆或指示群衆作反抗的運動。這個反抗運動,便是革命。所以我們對於革命有應注意的幾點:

一.革命的運動是在變態的政治生活之下產生

出来的。

二.革命的目标是要恢复常态的生活。

三.革命的精神是反抗的精神，所反抗的是虚伪。

四.革命的经过是暂时的变动，不是久远的状态。

五.革命的爆发，在群众方面是纯粹感情的。

六.革命的组织，应该是有纪律的，应该是尊重天才的。

革命的意义既如上述，请进而讨论革命与文学的关系。

在革命的时期当中，文学很容易沾染一种特别的色彩。然而我们并不能说，在革命的时期当中，一切的作家必须创作"革命的文学"。何以呢?一切的文人是站在时代前面的人。民间的痛苦，社会的败坏，政治的黑暗，道德的虚伪，没有人比文学家更先感觉到，更深刻的感觉到。在恶劣的状态之下生活着的一切民众，他们不是没有知觉，不是不知苦痛;他们感觉到了，而口里说不出，即使说得出來的。

二.革命的目標是要恢復常態的生活。

三.革命的精神是反抗的精神，所反抗的是虛偽。

四.革命的經過是暫時的變動，不是久遠的狀態。

五.革命的爆發，在群眾方面是純粹感情的。

六.革命的組織，應該是有紀律的，應該是尊重天才的。

革命的意義既如上述，請進而討論革命與文學的關係。

在革命的時期當中，文學很容易沾染一種特別的色彩。然而我們並不能說，在革命的時期當中，一切的作家必須創作"革命的文學"。何以呢?一切的文人是站在時代前面的人。民間的痛苦，社會的敗壞，政治的黑暗，道德的虛偽，沒有人比文學家更先感覺到，更深刻的感覺到。在惡劣的狀態之下生活着的一切民眾，他們不是沒有知覺，不是不知苦痛;他們感覺到了，而口裏說不出，即使說得出也说得不能中艺术的绳墨。唯有文学家，因为他们的本性和他们的素养，能够作一切民众的喉舌，用各种不同的艺术方式表现他们不满的态度。情感浓烈的文学家，会直率的对时下的虚伪加以攻击；富于想象的文学家，会回想从前的黄金时代而加以咏叹；乐观而又耽于幻想的文学家，就要创作他理想中的乐园；不过他们对现状不满是一致的。因为文学家是民众的先知先觉，所以从历史上观察，我们知道富有革命精神的文学往往发生在实际的革命运动之前。与其说先有革命后有"革命的文学"，毋宁说是先有"革命的文学"后有革命。实际的革命爆发之后，文学的革命色彩当然是益发鲜明，甚至产生出大量的近于雄辩或宣传的文字。文学家既不能脱离实际的人生而存在，革命时期中的生活对于文学家自然不无适当的刺激，所以我开头便先承认：在革命的时期当中，文学很容易沾染一种特别的色彩。

何以我又说：革命时期中文学家不必创造"革命的文学"？在文学上讲，"革命的文学"这个名

出也說得不能中藝術的繩墨。唯有文學家，因爲他
們的本性和他們的素養，能够作一切民衆的喉舌，
用各種不同的藝術方式表現他們不滿的態度。情感
濃烈的文學家，會直率的對時下的虛僞加以攻擊;
富於想像的文學家，會回想從前的黃金時代而加以
咏嘆;樂觀而又耽於幻想的文學家，就要創作他理
想中的樂園;不過他們對現狀不滿是一致的。因爲
文學家是民衆的先知先覺，所以從歷史上觀察，我
們知道富有革命精神的文學往往發生在實際的革命
運動之前。與其說先有革命後有"革命的文學"，
毋寧說是先有"革命的文學"後有革命。實際的革
命爆發之後，文學的革命色彩當然是益發鮮明，甚
至產生出大量的近於雄辯或宣傳的文字。文學家既
不能脫離實際的人生而存在，革命時期中的生活對
於文學家自然不無適當的刺激，所以我開頭便先承
認：在革命的時期當中，文學很容易沾染一種特別
的色彩。

何以我又說：革命時期中文學家不必創造"革
命的文學"？在文學上講，"革命的文學"這個名

词根本就不能成立。站在实际革命者的立场上来观察，由功利方面着眼，我们可以说这是"革命的文学"，那是"不革命的文学"，还可以引申说"不革命的文学"就是"反革命的文学"。但是就文学论，伟大的文学是基于普遍的人性，至于与当时的时代潮流发生怎样的关系，是受时代的影响，还是影响到时代，是与革命理论相结合，还是为传统思想所拘束，完全不相干,跟文学的价值不发生关系。含有革命思想的文学是文学，因为他本身是文学，它表示了一个时期中的痛苦与情感;然而人生的痛苦也有多少种多少样。受军阀压迫是痛苦，受帝国主义者的侵略是痛苦，难道生老病死的折磨不是痛苦?难道命运的播弄不是痛苦?难道自己心里的犹豫冲突不是痛苦?怎样才该叫做"革命的文学"？

　　文学家是民众非正式的代表。但文学家所代表的是普遍的人性、一切人类的情感，对于民众并不负着什么责任和义务，更不负着改良生活的担子。所以文学家的创造并不受着什么外在的拘束，文学家的心目中并不含有固定的阶级观念，更不含有为詞根本就不能成立。站在實際革命者的立場上來觀察，由功利方面着眼，我們可以說這是"革命的文學"，那是"不革命的文學"，還可以引申說"不革命的文學"就是"反革命的文學"。但是就文學論，偉大的文學是基於普遍的人性，至於與當時的時代潮流發生怎樣的關係，是受時代的影響，還是影響到時代，是與革命理論相結合，還是爲傳統思想所拘束，完全不相干，跟文學的價值不發生關係。含有革命思想的文學是文學，因爲他本身是文學，它表示了一個時期中的痛苦與情感;然而人生的痛苦也有多少種多少樣。受軍閥壓迫是痛苦，受帝國主義者的侵略是痛苦，難道生老病死的折磨不是痛苦?難道命運的播弄不是痛苦?難道自己心裏的猶豫衝突不是痛苦?怎樣才該叫做"革命的文學"?

文學家是民衆非正式的代表。但文學家所代表的是普遍的人性、一切人類的情感，對於民衆並不負着什麽責任和義務，更不負着改良生活的擔子。所以文學家的創造並不受着什麽外在的拘束，文學家的心目中並不含有固定的階級觀念，更不含有爲某一阶级谋利益的成见。文学家永远不失掉他的独立。文学家不接受任何人的命令，除了他自己内心的命令；文学家没有任何使命，除了他自己内心对于真善美的要求使命。近来的伤感的革命主义者以及浅薄的人道主义者，对于大多数的民众有无限的同情。有一部分的文学家也沾染了同样的无限的同情，于是大声疾呼要求创作"大多数的文学"。他们觉得民众在水深火热之中，有文学天才的人不能视若无睹，应该把鼻涕眼泪堆满在纸上，为民众诉苦申冤。假使这时有人吟风弄月，有人写情诗，有人作恋爱小说，有人谈古代的艺术，"贵族的"、"小资产阶级的"、"不革命的"、"反革命的"等等的罪名便来了。因为什么？因为这样的文学是个人的文学，是少数人的文学，不是大多数人的文学！其实"大多数的文学"这个名词本身就是一个矛盾。大多数就没有文学，文学就不是大多数的。一个文人无论描写什么，到头来还不是个人心理的表现？你描写一个被帝国主义压迫的弱小民族，这样的作品是伟大了，因为这是全民族的精神的反映；

某一階級謀利益的成見。文學家永遠不失掉他的獨立。文學家不接受任何人的命令，除了他自己內心的命令; 文學家沒有任何使命，除了他自己內心對於真善美的要求使命。近來的傷感的革命主義者以及淺薄的人道主義者，對於大多數的民衆有無限的同情。有一部分的文學家也沾染了同樣的無限的同情，於是大聲疾呼要求創作"大多數的文學"。他們覺得民衆在水深火熱之中，有文學天才的人不能視若無睹，應該把鼻涕眼淚堆滿在紙上，爲民衆訴苦申冤。假使這時有人吟風弄月，有人寫情詩，有人作戀愛小説，有人談古代的藝術，"貴族的"、"小資産階級的"、"不革命的"、"反革命的"等等的罪名便來了。因爲什麽? 因爲這樣的文學是個人的文學，是少數人的文學，不是大多數人的文學! 其實"大多數的文學"這個名詞本身就是一個矛盾。大多數就沒有文學，文學就不是大多數的。一個文人無論描寫什麽，到頭來還不是個人心理的表現? 你描寫一個被帝國主義壓迫的弱小民族，這樣的作品是偉大了，因爲這是全民族的精神的反映;

但是你若深刻的描写失恋的苦痛,春花秋月的感慨，这样的作品也是伟大了，因为这是全人类的共同的人性的反映。文学所要求的只是真实，忠于人性。什么"个人的""少数的""大多数的"在文学上全然不成问题。在革命时期的文学家和在其他时期中一样，唯一的修养是在认识人性，唯一的艺术是在怎样表示这个认识。创作的材料是个人的特殊经验，与一般人的共同生活没有关系，只要你写得深刻，写的是人性，便是文学。"大多数的文学"是一个没有意义的名词。

从前浪漫运动的文学，比较注重作者内心的经验和人物的个性的描写，在当时是一种新的趋向，是一种解放的表示，所以浪漫文学跟革命运动有密切的关系。浪漫运动根本是一个感情的反抗，对于过分的礼教、纪律、条规、传统等等的反动，这种反抗精神若在政治或社会活动里表现出来，就是革命运动。浪漫运动与革命运动都是对不合理的压抑的反抗，同是破坏的，同是重天才，同是因少数人的倡导而发生的群众运动。所以一般人往往就认定但是你若深刻的描寫失戀的苦痛,春花秋月的感慨，這樣的作品也是偉大了，因為這是全人類的共同的人性的反映。文學所要求的只是真實，忠於人性。什麼"個人的""少數的""大多數的"在文學上全然不成問題。在革命時期的文學家和在其他時期中一樣，唯一的修養是在認識人性，唯一的藝術是在怎樣表示這個認識。創作的材料是個人的特殊經驗，與一般人的共同生活沒有關係，只要你寫得深刻，寫的是人性，便是文學。"大多數的文學"是一個沒有意義的名詞。

從前浪漫運動的文學，比較注重作者內心的經驗和人物的個性的描寫，在當時是一種新的趨向，是一種解放的表示，所以浪漫文學跟革命運動有密切的關係。浪漫運動根本是一個感情的反抗，對於過分的禮教、紀律、條規、傳統等等的反動，這種反抗精神若在政治或社會活動裏表現出來，就是革命運動。浪漫運動與革命運動都是對不合理的壓抑的反抗，同是破壞的，同是重天才，同是因少數人的倡導而發生的群眾運動。所以一般人往往就認定

261

浪漫的文学是革命的文学，我觉得这个比拟是很适当的。但是浪漫主义的文学是遵奉个人主义的，在最近的革命家的眼里看来，恐怕这不能算是革命的，因为浪漫派的文学不是"大多数的文学"。主张"大多数的文学"的人，不但对于文学的了解不正确，对于革命的认识也一样不彻底。无论是文学，或是革命，其中心都是个人主义的，都是崇拜英雄的，均是尊重天才的，与所谓的"大多数"不发生任何关系。

"大多数的文学"或"无产阶级的文学"上文已经说过，是不能成立的名词。第一阶级的文学，假如真有这样一件东西，无论其为怎样贵族的，我们承认它是文学，其贵族的气息并不能减少其艺术上的价值；第四阶级的文学，假如真有这样一件东西，我们也承认它是文学，其平民的气息也不能增高其艺术上的价值。文学作品创造出来以后，即不属于某一阶级，亦不属于某一个人，而是人类共有的珍宝，人人得而欣赏之，人人得而批判之，假如人人都有文学的品味与修养。一件文学作品，如不浪漫的文學是革命的文學，我覺得這個比擬是很適當的。但是浪漫主義的文學是遵奉個人主義的，在最近的革命家的眼裏看來,恐怕這不能算是革命的，因爲浪漫派的文學不是"大多數的文學"。主張"大多數的文學"的人，不但對於文學的了解不正確，對於革命的認識也一樣不徹底。無論是文學，或是革命，其中心都是個人主義的，都是崇拜英雄的，均是尊重天才的，與所謂的"大多數"不發生任何關係。

"大多數的文學"或"無產階級的文學"上文已經說過，是不能成立的名詞。第一階級的文學，假如真有這樣一件東西，無論其爲怎樣貴族的，我們承認它是文學，其貴族的氣息並不能減少其藝術上的價值;第四階級的文學，假如真有這樣一件東西，我們也承認它是文學，其平民的氣息也不能增高其藝術上的價值。文學作品創造出來以後，即不屬於某一階級，亦不屬於某一個人，而是人類共有的珍寶，人人得而欣賞之，人人得而批判之，假如人人都有文學的品味與修養。一件文學作品，如不能得到无产阶级的了解与欣赏，这不一定是因为作品是属于另一阶级或带有贵族性，也许是因为无产阶级缺乏欣赏的能力。鉴赏文学不是人人都有的能力，贫贱阶级与富贵阶级里都有少数有文学品味的人，也都有一大半不能鉴赏文学的人。所以就文学作品与读者的关系而言，我们看不见阶级的界限。至于文学作品的产生，更与阶级无关。古代的文学确有许多不是某一作家的产物，有人疑心是团体的共同作品，如歌谣之类；然而这也不是阶级的产物，不是把有产者或无产者千百人聚于一堂，你一言我一语的作成，还是团体中富有天才者首先创作，其余的人附和呐喊而已。自从人类的生活脱离了原始的状态以后，文学发展的趋势是：文学愈来愈有作家的个性，换言之，文学愈来愈成为天才的产物。无产阶级与有产阶级一样的会生出天才，也一样的不常生出天才！所以从文学作品的产生而言，我们也看不见阶级的界限。

在革命期中，实际的运动家也许要把文学当做宣传的工具以达到他的目的。对于这种文学的利用，能得到無產階級的了解與欣賞，這不一定是因為作品是屬於另一階級或帶有貴族性，也許是因為無產階級缺乏欣賞的能力。鑒賞文學不是人人都有的能力，貧賤階級與富貴階級裏都有少數有文學品味的人，也都有一大半不能鑒賞文學的人。所以就文學作品與讀者的關係而言，我們看不見階級的界限。至於文學作品的產生，更與階級無關。古代的文學確有許多不是某一作家的產物，有人疑心是團體的共同作品，如歌謠之類；然而這也不是階級的產物，不是把有產者或無產者千百人聚於一堂，你一言我一語的作成，還是團體中富有天才者首先創作，其餘的人附和吶喊而已。自從人類的生活脫離了原始的狀態以後，文學發展的趨勢是：文學愈來愈有作家的個性，換言之，文學愈來愈成為天才的產物。無產階級與有產階級一樣的會生出天才，也一樣的不常生出天才！所以從文學作品的產生而言，我們也看不見階級的界限。

在革命期中，實際的運動家也許要把文學當做宣傳的工具以達到他的目的。對於這種文學的利用，我们没有理由与愿望去表示反对。没有一样东西不被人利用的。商人也许利用文学作广告，牧师也许利用文学来传教,革命家用文学作武器以达到理想，对于这些手段我们不但不反对,并且我们还要承认，真的革命家的热情渗入文学里面，往往无意的形成极感人的作品。不过，纯粹以文学为革命的工具，革命终结的时候，工具的效用也就截止。假如把"革命的文学"解释作以文学为革命的工具，那便是小看了文学的价值。革命运动是暂时的、变态的，把文学的性质限于"革命的"，不啻把文学的固定的、永久的价值缩减至暂时的、变态的程度。

近来有人提倡"革命的文学"，但是我觉得他们并不是由文学方面来观察，反对"革命的文学"者似乎又只知讥讽嘲弄。我平心静气的研究，以为"革命的文学"这个名词实在是没有意义的一句空话，并且文学与革命的关系，也不是一个值得用全副精神来发扬鼓吹的题目。

我們沒有理由與願望去表示反對。沒有一樣東西不被人利用的。商人也許利用文學作廣告，牧師也許利用文學來傳教，革命家用文學作武器以達到理想，對於這些手段我們不但不反對，並且我們還要承認，真的革命家的熱情滲入文學裏面，往往無意的形成極感人的作品。不過，純粹以文學為革命的工具，革命終結的時候，工具的效用也就截止。假如把"革命的文學"解釋作以文學為革命的工具，那便是小看了文學的價值。革命運動是暫時的、變態的，把文學的性質限於"革命的"，不啻把文學的固定的、永久的價值縮減至暫時的、變態的程度。

近來有人提倡"革命的文學"，但是我覺得他們並不是由文學方面來觀察，反對"革命的文學"者似乎又只知譏諷嘲弄。我平心靜氣的研究，以為"革命的文學"這個名詞實在是沒有意義的一句空話，並且文學與革命的關係，也不是一個值得用全副精神來發揚鼓吹的題目。

讨论问题:

1. 作者说："一切的文明都是极少数天才的创造。"
那么绝大多数的工农大众在人类文明的发展史上扮
演了什么角色呢?

2. "革命"和"革命文学"有什么先后的关系吗?

3. 讨论"不革命"和"反革命"的异同。

4. 你认为文学是有阶级性的吗?为什么?

5. 作者认为文学只是为作者个人服务,而不是为任何
阶级服务的,你同意吗?

6. 一个作家有社会的使命感,这和文学成为政治的宣
传有没有关系?

7. 作者说"大多数的文学"这个词本身就是矛盾的。
大多数就没有文学,文学就不是大多数的。你同意
这个看法吗?为什么?

討論問題:

1.作者説："一切的文明都是極少數天才的創造。"那麼絕大多數的工農大衆在人類文明的發展史上扮演了什麼角色呢?

2."革命"和"革命文學"有什麼先後的關係嗎?

3.討論"不革命"和"反革命"的異同。

4.你認爲文學是有階級性的嗎?爲什麼?

5.作者認爲文學只是爲作者個人服務,而不是爲任何階級服務的,你同意嗎?

6.一個作家有社會的使命感,這和文學成爲政治的宣傳有沒有關係?

7.作者説"大多數的文學"這個詞本身就是矛盾的。大多數就没有文學,文學就不是大多數的。你同意這個看法嗎?爲什麼?

（十二）
自由与平等

-付斯年-

背景简介:

付斯年（1896-1950）是中国近代史上著名的史学家和教育家，也是五四新文化运动中北大学生的主要代表，和《新潮》杂志重要的创办人与撰稿者。他在学术上的成就集中体现在上古史的研究。他曾代理过北大校长（1945-1946），成立了中央研究院历史语言研究所。1949年以后任国立台湾大学校长，使台大承继了一部份当年北大学术独立、言论自由的校风。

付斯年用"自由"与"平等"这两个概念来分析斯大林时代苏联的社会主义制度与资本主义制度的不同。他指出，苏联的制度在表面上似乎做到了经济上的"平等"，但由于个人自由受到严格的限制，所谓平等也只是一个假象。倒是在有充分自由的资本主义制度下，至少法律上的平等还有实现的可能。

〈自由与平等〉原刊于《自由中国》第一卷，第一期（1949年11月20日），后收入《付斯年全集》（台北:联经出版事业公司，1980，共七册），册五，页415-420。

（十二）

自由與平等

-傅斯年-

Fu Sinian (1896-1950) was one of the most noted historians and educators in modern Chinese history. He was the major student leader at Peking University during the New Culture Movement in the early twentieth century and he was also an important founder and editor of *Xinchao* (New Tide). His academic studies were focused on ancient history. He served as president of Peking University from 1945 to 1946, and established the Institute of History and Philology, Academia Sinica. After 1949 he became president of National Taiwan University, continuing part of the Peking University tradition of academic independence and freedom of speech.

Fu Sinian used the concepts of freedom and equality to analyze the difference between Soviet socialism and capitalism during the Stalinist era. He pointed out that while the Soviet Union managed to create a facade of economic equality, the restrictions placed on individual freedoms were enough to render the so-called equality a farce. Under a freedom filled capitalist society, however, legal equality is still possible.

"Freedom and Equality" was first published in *Ziyou Zhongguo* (Free China), (vol. 1, No. 1 November 20, 1949). It was later included in *Fu Sinian quanji*, (Taibei: Lianjing chubanshiye gongsi, 1980, 7 vols.) vol. 5, pp. 415-420.

（十二）

自由与平等

-付斯年-

"自由"与"平等"是法兰西革命喊出来的口号，一直沿用到现在。在十九世纪中间，对于"自由"二字起了很多争论，因而以后也就起了许多历史的变化,但对于"平等"二字则争论甚少，似乎含义像很明白的。经过一百几十年的考验，"自由"固然有很多不同的形态，也有很多假的，但"平等"二字到现在更觉得他比"自由"还费解释。我以为看看现在的事实，"自由"固然有假的，平等还有更假的。法国革命后的"自由"口号，固然有许多经不起考验，而"平等"二字到今天更像一种幻想，尤其是苏联的制度，表面说是经济平等，事实上恢复了中古的阶级政权形式的不平等。

在十九世纪中叶，以及下半，一切社会主义者，除去马克思一派以外，都是用"自由"这个呼声的，包括无政府主义在内。自有马克思主义这一派提出了无产阶级专政的口号，才把"自由"抹煞。到现在，苏联之对

（十二）

自由與平等

-傅斯年-

　　"自由"與"平等"是法蘭西革命喊出來的口號，一直沿用到現在。在十九世紀中間，對於"自由"二字起了很多爭論，因而以後也就起了許多歷史的變化,但對於"平等"二字則爭論甚少，似乎含義像很明白的。經過一百幾十年的考驗，"自由"固然有很多不同的形態，也有很多假的，但"平等"二字到現在更覺得他比"自由"還費解釋。我以爲看看現在的事實，"自由"固然有假的，平等還有更假的。法國革命後的"自由"口號，固然有許多經不起考驗，而"平等"二字到今天更像一種幻想，尤其是蘇聯的制度，表面說是經濟平等，事實上恢復了中古的階級政權形式的不平等。

　　在十九世紀中葉，以及下半，一切社會主義者，除去馬克思一派以外，都是用"自由"這個呼聲的，包括無政府主義在內。自有馬克思主義這一派提出了無產階級專政的口號，才把"自由"抹煞。到現在，蘇聯之對外号召，就是说对外国人的欺骗，自然并不在"自由"而在"平等"，因为他的绝无自由,是瞒不了任何人的，而"平等"还可作一个假形态，也就是用"平等"这个假形态，才可以用"民族平等"来欺骗亚洲民族，用"经济平等"来欺骗美国人。但马克思派共产主义者，从马克思到斯大林，包括他的别派墨索里尼在内，（墨索里尼本是列宁的同志，他背叛共产党的时候，列宁是极端惋惜的，想尽各种方法使他回来），真的相信"平等"吗?真的实现若干"平等"吗?马克思派提倡以无产阶级专政，先是一个根本不平等。个人专政,是一个人有特殊的权能;寡头专政，是少数几个人有特殊权能;一个阶级的专政更不得了,乃是这一个整个阶级有特殊权能。一个人专政已经吃不消，但一个人同他所用的人，终究力量有限，人民还保有若干"自由",等到一个阶级专政，那么,到处都是专政者，人民的"自由"固然绝对没有了，而"平等"又何在?当然马克思的说法，是比这个巧妙的，他说经过无产阶级专政，然后达到造成了没有阶级的社会，这真是胡说!一个专政的朝代或阶级，不受压力，是不会改变的，在无产阶级建设他的专政程序中，外號召，就是説對外國人的欺騙，自然並不在“自由”
而在“平等”，因爲他的絶無自由,是瞞不了任何人的，
而“平等”還可作一個假形態，也就是用“平等”這個
假形態，才可以用“民族平等”來欺騙亞洲民族，用
“經濟平等”來欺騙美國人。但馬克思派共產主義者，
從馬克思到斯大林，包括他的別派墨索里尼在內，（墨
索里尼本是列寧的同志，他背叛共產黨的時候，列寧是
極端惋惜的，想盡各種方法使他回來），真的相信“平
等”嗎?真的實現若干“平等”嗎?馬克思派提倡以無產
階級專政，先是一個根本不平等。個人專政,是一個人有
特殊的權能;寡頭專政，是少數幾個人有特殊權能;一個
階級的專政更不得了,乃是這一個整個階級有特殊權能。
一個人專政已經吃不消，但一個人同他所用的人,終究力
量有限，人民還保有若干“自由”,等到一個階級專政，
那麽,到處都是專政者，人民的“自由”固然絶對沒有了，
而“平等”又何在?當然馬克思的説法，是比這個巧妙
的，他説經過無產階級專政，然後達到造成了没有階級
的社會，這真是胡説! 一個專政的朝代或階級，不受壓
力，是不會改變的，在無產階級建設他的專政程序中，

一定用尽各种的方法，（包括一切极坏的方法），达到他的专政，那末，这些方法已经培养成施政的习惯了，已经成为政治作风的训典了，如何会到了专政完成，忽然一下子变成无阶级社会? 这真荒诞不经之至了。马克思一向批评别派的社会主义是乌托邦主义者，其实他这个说法才真是乌托邦之至。

再说，在共产主义者这样虚伪的号召"平等"之下，他是只相信组织力的，他那种组织，组织到极度，一切组织都成了特务组织，一切作风都成了特务作风，过分的组织固然妨碍"自由"，过分的组织又何尝不妨碍"平等"? 在俄国，一个共产党员，同一个非共产党党员，"平等"在哪里? 一个政治局的委员，同一个普通共产党员，平等又在哪里? 他要你的命,你只有把命送给他，你请他纠正一个错误，他就可能要你的命，这样"平等"还在哪里? 诚然，资本主义国家的法律是形式平等，或者可说是假平等，但在共产主义的社会里，连这个形式的平等都没有。请看苏联的宪法，前面说的天花乱坠，这个自由,那个自由，但后面忽然来了一条，大意是说: 因为工农是无产阶级的醒觉者，而苏维埃共产一定用盡各種的方法，（包括一切極壞的方法），達到他的專政，那末，這些方法已經培養成施政的習慣了，已經成爲政治作風的訓典了，如何會到了專政完成，忽然一下子變成無階級社會？這真荒誕不經之至了。馬克思一向批評別派的社會主義是烏托邦主義者，其實他這個說法才真是烏托邦之至。

再說，在共產主義者這樣虛僞的號召"平等"之下，他是只相信組織力的，他那種組織，組織到極度，一切組織都成了特務組織，一切作風都成了特務作風，過分的組織固然妨礙"自由"，過分的組織又何嘗不妨礙"平等"？在俄國，一個共產黨員，同一個非共產黨黨員，"平等"在哪裏？一個政治局的委員，同一個普通共產黨員，平等又在哪裏？他要你的命，你只有把命送給他，你請他糾正一個錯誤，他就可能要你的命，這樣"平等"還在哪裏？誠然，資本主義國家的法律是形式平等，或者可說是假平等，但在共產主義的社會裏，連這個形式的平等都沒有。請看蘇聯的憲法，前面說的天花亂墜，這個自由,那個自由，但後面忽然來了一條，大意是說: 因爲工農是無產階級的醒覺者，而蘇維埃共產主义的共产党又是这个意识的有组织的表现，所以苏维埃联邦人民共和国由共产党领导。这不是干脆把人民的全部主权交给共产党一个阶级吗？这本宪法里有这么一条，那么别的都是废话了。苏联法律观念上平等是如此。

再说，近来一般赞成共产党因而看轻"自由"者，他们的说法是"自由"是假的，没有经济平等，便没有真的"自由"。这个说法初看像是有道理，仔细看看，事实并不然，为什么经济不平等便没有真的"自由"呢？因为在经济不平等的状态中，有钱的人可以用钱影响没有钱的人，这诚然不是完全的"自由"，但钱本身并不是一件买人的东西，其所以有力量，是因为钱代表一种权力，这种权力能买卖人。在资产社会中，钱固然相当地代表这种权力，但也还是不绝对的，而且这权力还能够不经过钱而发生作用。照我国的那套办法，政治上有特权者，可以支配人民大众的生命，完全漠视人民的利益和意志。在资产社会中，钱是代表权力的，而他并不能代表无限的权力，在俄国制度中，有特殊政治地位的，不需经过钱便可发挥他的权力，而且这权力是无限的。举实例来说，美国的资本家，可以运动可以宣传不要选主義的共產黨又是這個意識的有組織的表現，所以蘇維埃聯邦人民共和國由共產黨領導。這不是乾脆把人民的全部主權交給共產黨一個階級嗎？這本憲法裏有這麼一條，那麼別的都是廢話了。蘇聯法律觀念上平等是如此。

再說，近來一般贊成共產黨因而看輕"自由"者，他們的說法是"自由"是假的，沒有經濟平等，便沒有真的"自由"。這個說法初看像是有道理，仔細看看，事實並不然，為什麼經濟不平等便沒有真的"自由"呢？因為在經濟不平等的狀態中，有錢的人可以用錢影響沒有錢的人，這誠然不是完全的"自由"，但錢本身並不是一件買人的東西，其所以有力量，是因為錢代表一種權力，這種權力能買賣人。在資產社會中，錢固然相當地代表這種權力，但也還是不絕對的，而且這權力還能夠不經過錢而發生作用。照我國的那套辦法，政治上有特權者，可以支配人民大眾的生命，完全漠視人民的利益和意志。在資產社會中，錢是代表權力的，而他並不能代表無限的權力，在俄國制度中，有特殊政治地位的，不需經過錢便可發揮他的權力，而且這權力是無限的。舉實例來說，美國的資本家，可以運動可以宣傳不要選杜鲁门，却并不能用国家的力量非要选杜鲁门不可，人民选了杜鲁门，资本家也把人民无可奈何。在俄国这一个"前进"的制度下，便不同了。假如说，他要你选华莱士，你就得选华莱士，你如不选华莱士，他便把你全家送到北冰洋上作苦工。财富之分配不平均，固然影响"平等"，影响"自由"，政权之如此集中，绝不给私人留点"自由"的余地，岂不更是影响"自由"？影响"平等"？在资产社会中，深切感觉到财富不平均之不能"平等"，因而不能充分"自由"，然而如果看一看苏维埃社会中这个极权的政治阶级制度，应该看出政权的集中之危害，比钱集中危害更大，更影响"平等"。

再看苏联现在的"平等"在哪儿？少数民族几万人口可以整个搬走，（例如在波罗底海上的，在黑海东北岸的土耳其人），犹太人得到仅次于希特勒待遇的待遇。须知平等本是一个法律的观念，没有平等的法律，哪里来的平等？

苏联在列宁时代，还多少有人道主义，尽管残酷的祸根已经种在那个时候，到了斯大林手里，同墨索里尼希特勒互相学习，弄成现在这个奇形怪状的人类公敌，杜魯門，却並不能用國家的力量非要選杜魯門不可，人民選了杜魯門，資本家也把人民無可奈何。在俄國這一個"前進"的制度下，便不同了。假如説，他要你選華萊士，你就得選華萊士，你如不選華萊士，他便把你全家送到北冰洋上作苦工。財富之分配不平均，固然影響"平等"，影響"自由"，政權之如此集中，絶不給私人留點"自由"的餘地，豈不更是影響"自由"?影響"平等"?在資産社會中，深切感覺到財富不平均之不能"平等"，因而不能充分"自由"，然而如果看一看蘇維埃社會中這個極權的政治階級制度，應該看出政權的集中之危害，比錢集中危害更大，更影響"平等"。

再看蘇聯現在的"平等"在哪兒?少數民族幾萬人口可以整個搬走，（例如在波羅底海上的，在黑海東北岸的土耳其人），猶太人得到僅次於希特勒待遇的待遇。須知平等本是一個法律的觀念，沒有平等的法律，哪裏來的平等?

蘇聯在列寧時代，還多少有人道主義，盡管殘酷的禍根已經種在那個時候，到了斯大林手裏，同墨索里尼希特勒互相學習，弄成現在這個奇形怪狀的人類公敵，然而他还有骗人的能力者，就是因为斯大林党，国内和国外的，总是以一个"平等"观念来打动人，而且他们所谓"平等"者，就是经济平等，这个话语，诚然可以打动别人的心坎，但他们自己却绝不是那么一回事。我们所以恨经济不平等，因为从浅处说，有钱的人享受太阔绰，无钱的人太苦，但俄国怎么样呢?有政权的人享受太阔绰，无政权的人太苦;再从深处上说，钱财可以换取权力，俄国的统治阶级，不需钱财便有这个权力，而且有的更多更大。美国资本家要买人死是不容易办到的，俄国的统治者要叫人死，那跟我们杀一只鸡一样，那又何须乎钱财这一个过程?

这篇文章的结论是:没有经济平等，固然不能达到真实的政治自由，也绝不能达到社会平等。现在世界上一派人批评"自由"，说他是假的，其中也不无有道理之处，当然也不是全有道理，然而他们犯了一个最大的错误，就是他们忘了，或者有心不说，"平等"二字，其难解，其在近代史上之失败，其在俄国当代宣传中之虚伪，比起"自由"二字来，有过之而无不及。在"自由""平等"不能理想地达到之前，与其要求绝对的然而他還有騙人的能力者，就是因爲斯大林黨，國内和國外的，總是以一個"平等"觀念來打動人，而且他們所謂"平等"者，就是經濟平等，這個話語，誠然可以打動別人的心坎，但他們自己却絕不是那麽一回事。我們所以恨經濟不平等，因爲從淺處説，有錢的人享受太闊綽，無錢的人太苦，但俄國怎麽樣呢? 有政權的人享受太闊綽，無政權的人太苦; 再從深處上説，錢財可以換取權力，俄國的統治階級，不需錢財便有這個權力，而且有的更多更大。美國資本家要買人死是不容易辦到的，俄國的統治者要叫人死，那跟我們殺一隻鷄一樣，那又何須乎錢財這一個過程?

這篇文章的結論是: 没有經濟平等，固然不能達到真實的政治自由，也絕不能達到社會平等。現在世界上一派人批評"自由"，説他是假的，其中也不無有道理之處，當然也不是全有道理，然而他們犯了一個最大的錯誤，就是他們忘了，或者有心不説，"平等"二字，其難解，其在近代史上之失敗，其在俄國當代宣傳中之虛僞，比起"自由"二字來，有過之而無不及。在"自由""平等"不能理想地達到之前，與其要求絕對的

"平等"而受了骗，毋宁保持着相当大量的"自由"，而暂时放弃一部份的经济平等。这样，将来还有奋斗的余地。

讨论问题:

1. "自由"的基础是什么?是经济上的"平等"还是意见上的容忍?

2. 没有政治上的自由，经济上的平等有实现的可能吗?

3. 作者说的虽是第二次世界大战以后的苏联，但他所指出的问题能不能部份地移用到中国?

4. 比较中国跟美国这两个社会，"自由"与"平等"在哪个制度下更有实现的可能?

5. 要是真如作者所说：在社会主义制度下既没有自由又没有平等，为什么在1920年代无数的中国知识份子都向往社会主义?

"平等"而受了騙，毋寧保持着相當大量的"自由"，而暫時放棄一部份的經濟平等。這樣，將來還有奮鬥的餘地。

討論問題:

1. "自由"的基礎是什麼?是經濟上的"平等"還是意見上的容忍?

2. 沒有政治上的自由，經濟上的平等有實現的可能嗎?

3. 作者說的雖是第二次世界大戰以後的蘇聯，但他所指出的問題能不能部份地移用到中國?

4. 比較中國跟美國這兩個社會，"自由"與"平等"在哪個制度下更有實現的可能?

5. 要是真如作者所說：在社會主義制度下既沒有自由又沒有平等，爲什麼在1920年代無數的中國知識份子都嚮往社會主義?

（十三）
中国与日本

-蒋梦麟-

背景简介:

    蒋梦麟（1886-1964）出生在中国东南沿海浙江的一个农村。从小接受传统式的中国教育。1908年来美国留学，次年进加州大学柏克来分校从农业转学教育。1912年进哥伦比亚大学，1917年获博士学位。

    蒋梦麟是近代中国的教育家。他曾任北京大学代理校长（1923-1927），校长（1931-1945）和国民政府教育部部长（1928-1930）。对中国教育制度的现代化有很大的贡献。从1948年到1964年，蒋梦麟出任中国农村复兴委员会主任，对台湾农业发展、土地改革和家庭计划都有重大贡献。

    过去一百多年来，日本一方面是中国新思想与新科技的主要来源，但另一方面日本也给中国带来了巨大的灾难和苦痛。日本是中国的老师，也是中国的敌人。蒋梦麟的这篇文章对中、日现代化的过程作了深刻而独到的分析。

    〈中国与日本〉节选自蒋梦麟的《西潮》（台南：大学书局，1988重印本），页241-250。

（十三）

中國與日本

-蔣夢麟-

Jiang Menglin (Chiang Meng-lin, 1886-1964) was born along the coastal area of Zhejiang province in a farming village. He began receiving a traditional Chinese education at a young age. In 1908, he left China to study abroad. The following year he matriculated at the University of California, Berkeley. While he was there, he transferred his field of study from agriculture to education. In 1912 he entered Columbia University and, in 1917, he received his Ph.D.

Jiang, an educator in modern China, was the acting president of Peking University from 1923-27, and the president from 1931-1945. He also served as the head of the Ministry of Education from 1928-30, under the Nationalist government. He contributed a great deal to the modernization of China's educational system. He was also instrumental in Taiwan's agricultural development, land reforms, and family planning projects. From 1948-64, he served as chairman of the Joint Commission on Rural Reconstruction in Taiwan.

Over the past 100 years, Japan has been a source of new ideas and scientific developments for China. At the same time, however, it has also brought tremendous pain and suffering to China. Japan served as China's teacher, as well as enemy. Jiang's article presents an in-depth and insightful view of modernization in China and Japan.

"China and Japan" is from Jiang Menglin's memoirs, *Xi Chao*, (West Tide) published by (Tainan: Daxue shuju, 1988. Rpt.) pp. 241-250.

（十三）

中国与日本

-蒋梦麟-

日本在培利上将抵达以前，只是中国大陆文化的一支而且是很单纯的一支。自从这位海军上将来过以后，日本就变为中西文化的混合体了。除非你能同时了解中国和西方，你就无法了解日本。

但是单单了解日本中西两种文化的来源是不够的。分支可能与他们的主体相似，但是并不完全相同。把相似的东西看成完全相同而遽下断语，很可能差以毫厘而谬以千里。同时，两种文化的混合，还可能使原来文化变质。

中国大陆文化在日本的支流导源于唐朝（六一八年——九〇五年）。唐代文化中许多可贵的成分，其中包括从西域输入的印度文化与从伊斯兰民族间接输入的希腊文化，在中国因千余年来历经异族侵略,已逐渐衰落，但在日本却被保留下来了。唐代的舞蹈、音乐、美术、习俗、语言和尚武精神，都还留在日本。如果你想了解

（十三）

中國與日本

-蔣夢麟-

　　日本在培利上將抵達以前，只是中國大陸文化的一支而且是很單純的一支。自從這位海軍上將來過以後，日本就變爲中西文化的混合體了。除非你能同時了解中國和西方，你就無法了解日本。

　　但是單單了解日本中西兩種文化的來源是不够的。分支可能與他們的主體相似，但是並不完全相同。把相似的東西看成完全相同而遽下斷語，很可能差以毫釐而謬以千里。同時，兩種文化的混合，還可能使原來文化變質。

　　中國大陸文化在日本的支流導源於唐朝（六一八年— 九○五年）。唐代文化中許多可貴的成分，其中包括從西域輸入的印度文化與從伊斯蘭民族間接輸入的希臘文化，在中國因千餘年來歷經異族侵略,已逐漸衰落，但在日本却被保留下來了。唐代的舞蹈、音樂、美術、習俗、語言和尚武精神，都還留在日本。如果你想了解一点唐代文化，你最好还是到日本去一趟。日本以唐代文化为基础，其中包括儒家思想并唐代所吸收的佛教文化及其他外来文化。又在南宋时代（日本镰仓时代）输入宋儒朱子之学。因此造成在日本儒佛一致之思想。到了明末，德川氏本其向来保护禅僧研究儒学之夙志，于开府江户（东京古名）时，广招儒者讲学刻书，极一时之盛。并借新政权之威力，使儒家之学为此后日本兴国之张本，而为日本发展了道德、政治、经济、史学、数学与流入民间之教育。到了咸同之间，明治维新，以儒家经世之学与西洋近世社会科学自然科学相接引，遂在短短数十年里成为史无前例的东西两洋文化的大结合，而致日本于盛强之境。并予文化祖国的中国以极大的鼓励与兴奋。在我幼年时代，我们一辈青年，都奉日本为师，希望日本反哺文化之母鸟而帮助中国复兴。可惜日本秉国的军阀，知尽忠于己，而不知施恕于人。知义而不知仁，见小而不见大，识近而不识远。致使中国近六十年之历史成为中日关系之惨痛史，终至鹬蚌相争，渔翁得利，真是历史上一幕很大的悲剧。

我们此后应把中国文化广称为大陆文化，作为中国、一點唐代文化，你最好還是到日本去一趟。日本以唐代文化爲基礎，其中包括儒家思想並唐代所吸收的佛教文化及其他外來文化。又在南宋時代（日本鎌倉時代）輸入宋儒朱子之學。因此造成在日本儒佛一致之思想。到了明末，德川氏本其向來保護禪僧研究儒學之夙志，於開府江戶（東京古名）時，廣招儒者講學刻書，極一時之盛。並藉新政權之威力，使儒家之學爲此後日本興國之張本，而爲日本發展了道德、政治、經濟、史學、數學與流入民間之教育。到了咸同之間，明治維新，以儒家經世之學與西洋近世社會科學自然科學相接引，遂在短短數十年裏成爲史無前例的東西兩洋文化的大結合，而致日本於盛強之境。並予文化祖國的中國以極大的鼓勵與興奮。在我幼年時代，我們一輩青年，都奉日本爲師，希望日本反哺文化之母鳥而幫助中國復興。可惜日本秉國的軍閥，知盡忠於己，而不知施恕於人。知義而不知仁，見小而不見大，識近而不識遠。致使中國近六十年之歷史成爲中日關係之慘痛史，終至鷸蚌相爭，漁翁得利，真是歷史上一幕很大的悲劇。

我們此後應把中國文化廣稱爲大陸文化，作爲中國、日本、韩国、越南共有之文化，亦犹希、罗文化（希腊罗马合流之文化）之为欧美各国共同之文化。若在文化方面抱狭义之国家主义，则反将文化之价值减低了。

实际言之，唐代文化所包含外来因素既广且多，在当时已成为国际文化，因其来甚渐，故国人不自觉耳。日本于吸收唐代文化时，亦于不知不觉中吸收了当时的国际文化，此亦日本之大幸也。

日本善于效法。她效法唐宋之文化而定立国之基础，她效法英国建立海军；效法德国训练陆军；效法美国发展工业。她效法十九世纪的西方建立殖民帝国 —— 只可惜晚了一步。她效法德国闪电战术而发动对珍珠港的突袭 —— 只可惜太远了一点。

我很钦佩日本的善于模仿，这是中国所作不到的，因为她在这方面似乎有点笨手笨脚。但中国的创造能力弥补了这一缺憾，她创造又创造，一直到唐代衰亡。此后千余年历经异族侵略、饥馑、疾病等灾祸，终至精疲力竭。

美国的情形和日本很相似，美国文化是欧洲文化的一支，所不同的是从英国来的早期殖民者是带爱好自由日本、韓國、越南共有之文化，亦猶希、羅文化（希臘羅馬合流之文化）之爲歐美各國共同之文化。若在文化方面抱狹義之國家主義，則反將文化之價值減低了。

實際言之，唐代文化所包含外來因素既廣且多，在當時已成爲國際文化，因其來甚漸，故國人不自覺耳。日本於吸收唐代文化時，亦於不知不覺中吸收了當時的國際文化，此亦日本之大幸也。

日本善於效法。她效法唐宋之文化而定立國之基礎，她效法英國建立海軍;效法德國訓練陸軍;效法美國發展工業。她效法十九世紀的西方建立殖民帝國 —— 只可惜晚了一步。她效法德國閃電戰術而發動對珍珠港的突襲 —— 只可惜太遠了一點。

我很欽佩日本的善於模仿，這是中國所作不到的，因爲她在這方面似乎有點笨手笨脚。但中國的創造能力彌補了這一缺憾，她創造又創造，一直到唐代衰亡。此後千餘年歷經異族侵略、饑饉、疾病等災禍，終至精疲力竭。

美國的情形和日本很相似，美國文化是歐洲文化的一支，所不同的是從英國來的早期殖民者是帶愛好自由的种籽而俱来的。因此美国创造又创造，直到她成为世界上最工业化的国家,同时也是最重理想和人道的国家。美国的伟大就在于这两种矛盾因素的溶而为一。

日本在国际舞台上的空前成就，应该完全归功于依循西方路线所进行的改革。这些改革是在世袭的统治阶级领导下完成的。他们孕育于尚武精神之中，效法他国并使之适应本国，对于领袖和祖国更是精忠不二。他们统治下的老百姓，最大的美德就是拥护领袖,服从命令。因此从明治初年开始的日本改革运动，始终是坚定不移地朝着固定目标前进。

回头看看我们自己: 中国的改革却必须从基层开始，也就是由下而上的。我们没有世袭的统治阶级。除了相当于贵族的士大夫阶级之外，也没有贵族阶级，要使这辽阔的国度里的人民万众一心，必须仰仗老百姓之间的学者领袖来驱策督导。因此改革的过程必须很缓慢，而且迂回曲折。政治领袖像孙中山先生，学者领袖像章太炎、梁任公、蔡孑民诸先生，都是来自民间的学者。他们来自民间，又带着他们的社会理想和知识上的远见而深入民间。

的種籽而俱來的。因此美國創造又創造，直到她成為世界上最工業化的國家,同時也是最重理想和人道的國家。美國的偉大就在於這兩種矛盾因素的溶而為一。

日本在國際舞台上的空前成就，應該完全歸功於依循西方路線所進行的改革。這些改革是在世襲的統治階級領導下完成的。他們孕育於尚武精神之中，效法他國並使之適應本國，對於領袖和祖國更是精忠不二。他們統治下的老百姓，最大的美德就是擁護領袖,服從命令。因此從明治初年開始的日本改革運動，始終是堅定不移地朝着固定目標前進。

回頭看看我們自己: 中國的改革却必須從基層開始，也就是由下而上的。我們沒有世襲的統治階級。除了相當於貴族的士大夫階級之外，也沒有貴族階級，要使這遼闊的國度裏的人民萬衆一心，必須仰仗老百姓之間的學者領袖來驅策督導。因此改革的過程必須很緩慢，而且迂迴曲折。政治領袖像孫中山先生，學者領袖像章太炎、梁任公、蔡孑民諸先生，都是來自民間的學者。他們來自民間，又帶着他們的社會理想和知識上的遠見而深入民間。

现代日本是统治阶级建立起来的，现代中国系平民百姓所缔造。因此，在日本当一个领袖要容易得多，他可以任意独裁，他要人民作什么，人民就会作什么；在中国当一个领袖却必须教育人民，而且真正地领导人民——这是一种远为困难的才能，也必须具备超人的才智与创造能力。

中国在采取改革措施方面每较迟缓，但是她一旦决心改革，她总希望能够作得比较彻底。在过去的一百年中，她从制造炮弹着手，进而从事政治改革，社会改革，乃至介绍西方思想。她扬弃了旧的信仰，另行建立新的，直至这些新信仰成为她生活中不可分的一部份为止。她是一位学者，一位道德哲学家，也是一位艺术家。她的文化是从她的生活发展而来的，她不会轻易满足于西方的思想观念，除非她能把这些观念彻底同化而纳之于她的生活之中。因此与日本比起来，中国的思想是现代化的，但是她的社会和工业建设却仍旧落在日本之后。这是这位哲学家兼梦想家的天性使然。

中国人胸襟宽大，生活民主，而且能自立创造，但是她缺乏组织、纪律、和尚武精神。中国的优点正是她現代日本是統治階級建立起來的，現代中國係平民百姓所締造。因此，在日本當一個領袖要容易得多，他可以任意獨裁，他要人民作什麼，人民就會作什麼; 在中國當一個領袖却必須教育人民，而且真正地領導人民 —— 這是一種遠爲困難的才能，也必須具備超人的才智與創造能力。

中國在採取改革措施方面每較遲緩，但是她一旦決心改革，她總希望能够作得比較徹底。在過去的一百年中，她從製造炮彈着手，進而從事政治改革,社會改革，乃至介紹西方思想。她揚棄了舊的信仰,另行建立新的，直至這些新信仰成爲她生活中不可分的一部份爲止。她是一位學者，一位道德哲學家，也是一位藝術家。她的文化是從她的生活發展而來的，她不會輕易滿足於西方的思想觀念，除非她能把這些觀念徹底同化而納之於她的生活之中。因此與日本比起來，中國的思想是現代化的，但是她的社會和工業建設却仍舊落在日本之後。這是這位哲學家兼夢想家的天性使然。

中國人胸襟寬大，生活民主，而且能自立創造，但是她缺乏組織、紀律、和尚武精神。中國的優點正是她的弱点所在。

日本的情形也是优劣互见，日本人是位斗士，也是位很干练的行政人员。日本所吸收的西方文明只是军事方面的上层结构,并未触及人民较深一层的生活和思想，她的上层结构固然现代化了，她的精神和观念却仍然是中世纪的。对这种情形，读者自然不会感到惊奇，因为封建制度废除的时间甚短，故封建精神在明治时代仍然存在，中国则在西历纪元以前就已经废除了。

日本对同化中国文化和西方文化都只有部份的成功。例如日本对"忠"和"恕"这两个重要的道德观念只学到"忠"，却无法了解"恕"。这或许受政治与地理环境之影响而使然，然而日本人之不能以恕道待人，却是事实。"忠"和"恕"是中国生活的两大指导原则，"忠"在封建国家或黩武的国家是必不可少的品德，"恕"则是学者的美德。日本一向坚执已见，不肯考虑别人的观点。日本人胸襟狭窄,连他们自己都有此自觉，这种偏狭的心理使他们无法具备建立洲际殖民帝国所必须的领导能力。他们有野心，有武力，但是缺乏政治家的风度。"忠"和"恕"在中国却是携手同行的。她不的弱點所在。

日本的情形也是優劣互見，日本人是位鬥士，也是位很幹練的行政人員。日本所吸收的西方文明只是軍事方面的上層結構,並未觸及人民較深一層的生活和思想，她的上層結構固然現代化了，她的精神和觀念却仍然是中世紀的。對這種情形，讀者自然不會感到驚奇，因爲封建制度廢除的時間甚短，故封建精神在明治時代仍然存在，中國則在西曆紀元以前就已經廢除了。

日本對同化中國文化和西方文化都只有部份的成功。例如日本對“忠”和“恕”這兩個重要的道德觀念只學到“忠”，却無法了解“恕”。這或許受政治與地理環境之影響而使然，然而日本人之不能以恕道待人，却是事實。“忠”和“恕”是中國生活的兩大指導原則，“忠”在封建國家或黷武的國家是必不可少的品德，“恕”則是學者的美德。日本一向堅執己見，不肯考慮別人的觀點。日本人胸襟狹窄,連他們自己都有此自覺，這種偏狹的心理使他們無法具備建立洲際殖民帝國所必須的領導能力。他們有野心，有武力，但是缺乏政治家的風度。“忠”和“恕”在中國却是携手同行的。她不

299

但忠贞，而且处处为人设想。中国并不觉得忠于她自己的思想观念就应该排斥他人的观念。她常常设身处地地考虑别人的观念，这就是所谓"恕"。日本人对"恕"的观念很薄弱，所以不能了解中国。

日本的行为很像一个身体健壮的顽童。他抓住了公羊的两只角不许它动，公羊急得乱叫乱跳，用角来撞他，结果他不是被迫放手，就是被撞倒地上。他想不通为什么这只公羊这么不听话。可怜的孩子！他应该想想要是有人抓住他自己的耳朵，他的反应又如何？他应该设身处地想一想，这样他就会了解中国了。

使日本人变为好战民族的另一重要因素，是他们的一种错误信念，他们认为日本是个神圣的国家，是神所缔造，而且应该根据神的意志行事，并且征服世界。这种心理是由军阀御用的历史家歪曲史实所造成的。为西洋人或中国人所不易了解，但是日本人却如此深信不疑。中国人也相信神佛，但是他们把神佛当做道德的监护者，而不是战争的呵护者。日本人却认为日本人称霸是神的意旨。

世界人士对日本人在战时的宗教狂热所知不多，因但忠貞，而且處處爲人設想。中國並不覺得忠於她自己的思想觀念就應該排斥他人的觀念。她常常設身處地地考慮別人的觀念，這就是所謂“恕”。日本人對“恕”的觀念很薄弱，所以不能了解中國。

日本的行爲很像一個身體健壯的頑童。他抓住了公羊的兩隻角不許它動，公羊急得亂叫亂跳，用角來撞他，結果他不是被迫放手，就是被撞倒地上。他想不通爲什麽這只公羊這麽不聽話。可憐的孩子! 他應該想想要是有人抓住他自己的耳朵，他的反應又如何? 他應該設身處地想一想，這樣他就會了解中國了。

使日本人變爲好戰民族的另一重要因素，是他們的一種錯誤信念，他們認爲日本是個神聖的國家，是神所締造，而且應該根據神的意志行事，並且征服世界。這種心理是由軍閥御用的歷史家歪曲史實所造成的。爲西洋人或中國人所不易了解，但是日本人却如此深信不疑。中國人也相信神佛，但是他們把神佛當做道德的監護者，而不是戰爭的呵護者。日本人却認爲日本人稱霸是神的意旨。

世界人士對日本人在戰時的宗教狂熱所知不多，因

301

为日本人自己在他们的宣传中很少提到它。但是在中国，现代科学却已削弱了旧的信仰，而且成为使旧信仰解体的一个因素；在日本，现代科学反而成为神的一种有力武器，使日本在侵略战争中团结一致。这种由强烈的宗教性爱国心所形成的心理背景，终使日本军阀无理可喻，使日本兵难于制服，使日本本身成为世界的一个威胁；这就是宗教狂热与现代科学结合的结果。任何国家有这样一位疯狂的邻居都会头痛。在过去六十年的动乱时代里，日本又岂仅使我国头痛而已！

六七十年来，我国与日本所定的国策，同为富国强兵。日本所走的路线为资本主义与军国主义。用资本主义所产生的财富来养兵，军阀与财阀联合操纵军政大权。他们的权力超越一切党派与学派。军国主义与资本主义的日本，一战而胜中国，再战而胜帝俄，三战横冲直撞而轰炸到珍珠港。

我国为何想富国而国不富，想强兵而兵不强呢？

第一：内政问题。日本倒幕尊皇，政权统一已数十年。我国初则保皇革命，国事未定。继则军阀割据，全国扰攘。等到国民革命军统一全国的时候，内则共党称爲日本人自己在他們的宣傳中很少提到它。但是在中國，現代科學却已削弱了舊的信仰，而且成爲使舊信仰解體的一個因素；在日本，現代科學反而成爲神的一種有力武器，使日本在侵略戰爭中團結一致。這種由強烈的宗教性愛國心所形成的心理背景，終使日本軍閥無理可喻，使日本兵難於制服，使日本本身成爲世界的一個威脅；這就是宗教狂熱與現代科學結合的結果。任何國家有這樣一位瘋狂的鄰居都會頭痛。在過去六十年的動亂時代裏，日本又豈僅使我國頭痛而已！

六七十年來，我國與日本所定的國策，同爲富國强兵。日本所走的路線爲資本主義與軍國主義。用資本主義所產生的財富來養兵，軍閥與財閥聯合操縱軍政大權。他們的權力超越一切黨派與學派。軍國主義與資本主義的日本，一戰而勝中國，再戰而勝帝俄，三戰橫衝直撞而轟炸到珍珠港。

我國爲何想富國而國不富，想强兵而兵不强呢？

第一：內政問題。日本倒幕尊皇，政權統一已數十年。我國初則保皇革命，國事未定。繼則軍閥割據，全國擾攘。等到國民革命軍統一全國的時候，內則共黨稱兵，外则日本侵略，内忧外患接踵而起。哪里还谈得到富国强兵呢！

第二：经济思想问题。我国儒家"不患寡而患不均"的经济思想，先天上已有不赞成资本主义的色彩，故对西洋资本主义，虽不一定反对，却不热心拥护。这个事实是谁也不能否定的。只以此而论，就可知道建设一个资本主义的社会是怎样的不容易了。

第三：门户开放问题。中国明清两代均采锁国主义。日本在德川时代亦采锁国主义。十九世纪之资本主义迫开了两国之门。在中国称之为通商，日本称之为开国。然日本之开国发之于统一之政府，故全国一致而收实效。中国则此开彼闭，前迎后拒，步骤不一致，故开国之实效未显，而瓜分之祸兆已见。

以上对于中国与日本的比较，和对日本之批评，大部分是抗战期间我在重庆所想到而记下来的。当全国被日军蹂躏，千千万万人民在日军铁蹄下牺牲生命财产的期间，我这记录似乎相当客观和公平。这是出于儒家忠恕平衡的传统观念，而日本却缺少了一个恕字。对日和约，我国主张维持日本皇室，放弃赔款要求，遣送全体兵，外則日本侵略，内憂外患接踵而起。哪裏還談得到富國强兵呢!

　　第二：經濟思想問題。我國儒家"不患寡而患不均"的經濟思想，先天上已有不贊成資本主義的色彩，故對西洋資本主義，雖不一定反對，却不熱心擁護。這個事實是誰也不能否定的。只以此而論，就可知道建設一個資本主義的社會是怎樣的不容易了。

　　第三：門户開放問題。中國明清兩代均採鎖國主義。日本在德川時代亦採鎖國主義。十九世紀之資本主義迫開了兩國之門。在中國稱之爲通商，日本稱之爲開國。然日本之開國發之於統一之政府,故全國一致而收實效。中國則此開彼閉，前迎後拒，步驟不一致，故開國之實效未顯，而瓜分之禍兆已見。

　　以上對於中國與日本的比較，和對日本之批評，大部分是抗戰期間我在重慶所想到而記下來的。當全國被日軍蹂躪，千千萬萬人民在日軍鐵蹄下犧牲生命財産的期間，我這記録似乎相當客觀和公平。這是出於儒家忠恕平衡的傳統觀念，而日本却缺少了一個恕字。對日和約，我國主張維持日本皇室，放棄賠款要求，遣送全體俘虏返国，凡此种种，虽出于政治远见，根本思想还是出于恕道。我国人知道"不念旧恶"为维持和平的要道，所以这种和约，为全国人民所拥护。

停战以后，我视察了好多日本的俘虏营（湘西、汉口、南京等地）；我未曾看见当地民众对日俘有嘲笑或侮辱的举动，使我感觉到中国人民度量的宽宏。

日本战败后十余年来，其国内思想颇有变动，有些地方和我们在战前所见和战时所论的颇有不同。如民主主义之抬头，思想和言论之充分自由，神道迷信之渐趋薄弱，历史之重史实而放弃传统之虚伪，工业化之加强与产品之进步，学术研究之加速的发达。凡此种种，影响日本本身之将来与东亚之局势者必甚大。

俘虜返國，凡此種種，雖出於政治遠見，根本思想還是出於恕道。我國人知道"不念舊惡"爲維持和平的要道，所以這種和約，爲全國人民所擁護。

停戰以後，我視察了好多日本的俘虜營（湘西、漢口、南京等地）；我未曾看見當地民衆對日俘有嘲笑或侮辱的舉動，使我感覺到中國人民度量的寬宏。

日本戰敗後十餘年來，其國內思想頗有變動，有些地方和我們在戰前所見和戰時所論的頗有不同。如民主主義之抬頭，思想和言論之充分自由，神道迷信之漸趨薄弱，歷史之重史實而放棄傳統之虛僞，工業化之加强與產品之進步，學術研究之加速的發達。凡此種種，影響日本本身之將來與東亞之局勢者必甚大。

讨论问题:

1. 作者说：日本的现代化是"由上而下"的。这样的说法你同意吗?

2. 如果中国的现代化真的是"由下而上"的，那么"现代化"在中国应该比在日本更深入民间。如果同意这种说法，请举例说明。

3. 作者说:"与日本比起来，中国的思想是现代化的，但是她的社会和工业建设却仍旧落在日本之后。"谈谈你自己在这方面的观察。

4. 作者一再指出，日本文化吸收了中国文化的"忠"而没有"恕"，这个说法公允吗?请举例说明。

5. 二次大战以后中国没有对日本加以报复，是因为中国人宽宏大量还是因为中国政府懦弱无能?

6. 谈谈中日文化中的"尚武"精神。

討論問題:

1. 作者説：日本的現代化是"由上而下"的。這樣的説法你同意嗎?

2. 如果中國的現代化真的是"由下而上"的，那麼"現代化"在中國應該比在日本更深入民間。如果同意這種説法，請舉例説明。

3. 作者説:"與日本比起來，中國的思想是現代化的，但是她的社會和工業建設却仍舊落在日本之後。"談談你自己在這方面的觀察。

4. 作者一再指出，日本文化吸收了中國文化的"忠"而没有"恕"，這個説法公允嗎?請舉例説明。

5. 二次大戰以後中國没有對日本加以報復，是因爲中國人寬宏大量還是因爲中國政府懦弱無能?

6. 談談中日文化中的"尚武"精神。

（十四）

杭州、南京、上海、北京

-蒋梦麟-

背景简介:

　　《西潮》（Tides from the West）是蒋梦麟自传式的回忆录，叙述了自十九世纪末年到第二次世界大战期间他亲身经历的许多大小事件。我们也可以从中看出中国现代化过程中的一些侧影。

　　〈杭州、南京、上海、北京〉是中国的四个名城，各有各的地理风貌和社会功能。北京是中国的政治和文化中心，上海则是商业和贸易的枢纽,杭州代表的是江南的山水之胜，而南京则是二次大战以后从废墟中重建起来的一个政治中心。从这几个城市的素描中，不但可以了解中国南北不同的地理景观,也可以知道这几个城市在历史上所扮演的不同的角色。

　　〈杭州、南京、上海、北京〉节选自蒋梦麟的《西潮》（台南:大学书局，1988重印本）页 190-197。《西潮》最初的英文本是1947年由耶鲁大学出版的。

（十四）

杭州、南京、上海、北京

-蔣夢麟-

Xichao (Tides From the West) is Jiang Menglin's memoir. It narrates his life and many events from the end of the nineteenth century until World War II. Through his narration, we are able to learn his perspective on China's modernization efforts during this period.

"Hangzhou, Nanjing, Shanghai, and Beijing" are four famous cities in China. Each has its own unique geographical character and social function. Beijing is China's political and cultural center, Shanghai is the hub of trade and commerce, Hangzhou is representative of the scenery found south of the Yangzi River, and Nanjing is a political center that was erected from the rubble of World War II. From the depiction of these cities, not only can we discern the differences between the north and the south, but we also can understand the historical significance of each city.

"Hangzhou, Nanjing, Shanghai, and Beijing" is an abridged essay taken from Jiang's book, *Xichao* (Tainan: Daxue shuju, Rpt., 1988.) PP.190-197. The earliest English version of *Tides From the West* was published by Yale University Press in 1947.

（十四）

杭州、南京、上海、北京

-蒋梦麟-

　　杭州富山水之胜，上海是洋货的集散地，南京充满了革命精神，北京则是历代的帝都，也是艺术和悠闲之都。我出生在浙江省的一个小村里，童年时生活在农夫工匠之间，与他们的孩子们共同嬉游。少年时代在杭州读书，后来又在上海继续求学。留美回国以后，因为工作的关系先住在上海，继至北京、南京、杭州最后又回到北京，一直到抗战开始。

　　长江下游的江南都市，气候大致差不多，春秋两季的天气尤其温和宜人。杨柳发芽就表示春天到了。游春的人喜欢采摘新枝回家装饰门户，表示迎春。树叶转红则表示秋天到了，夕阳红叶会给诗人带来不少灵感。春天有一段雨季，雨水较多，其余三季晴雨参半，夏天不太热，冬天也不太冷。

　　土壤非常肥沃，主要农作物是稻，养蚕是普遍的家庭工业。鱼、虾、蟹、蚌、鳗、牛、羊、猪、蔬菜、水

（十四）

杭州、南京、上海、北京

-蔣夢麟-

　　杭州富山水之勝，上海是洋貨的集散地，南京充滿了革命精神，北京則是歷代的帝都，也是藝術和悠閑之都。我出生在浙江省的一個小村裏，童年時生活在農夫工匠之間，與他們的孩子們共同嬉游。少年時代在杭州讀書，後來又在上海繼續求學。留美回國以後，因為工作的關係先住在上海，繼至北京、南京、杭州，最後又回到北京，一直到抗戰開始。

　　長江下游的江南都市，氣候大致差不多，春秋兩季的天氣尤其溫和宜人。楊柳發芽就表示春天到了。游春的人喜歡採摘新枝回家裝飾門户，表示迎春。樹葉轉紅則表示秋天到了，夕陽紅葉會給詩人帶來不少靈感。春天有一段雨季，雨水較多，其餘三季晴雨參半，夏天不太熱，冬天也不太冷。

　　土壤非常肥沃，主要農作物是稻，養蠶是普遍的家庭工業。魚、蝦、蟹、蚌、鰻、牛、羊、猪、蔬菜、水果遍地皆是，著名的扬州菜就是拿这些东西做材料的。

上海是长江流域的金融中心。上海的繁荣应该归功于外国人的工商活动，外国资本是上海经济结构的基础，外国商人和资本家因而成为上海的贵族阶级，住在上海的人都得向这些洋人低头。这些洋人有他们自己的生活圈子，许多外国人虽然在上海住了几十年，中国对他们却仍然是个"谜样的地方"。他们住在富丽幽邃的花园洋房里，有恭顺的中国仆人伺候着，生活得有如王公贵族。主人们靠剥削致富，仆人们则靠揩油分肥。他们的俱乐部拒绝华人参加，似乎没有一个华人值得结识；他们的图书馆里也没有一本值得一读的书。他们自大、无知、顽固，而且充满种族歧见，就是对于他们自己国内的科学发明和艺术创造也不闻不问，对于正在中国或他们本国发展的新思想和新潮流更一无所知。他们唯一的目标就是赚钱。

地位仅次于这些洋人的是中国买办，他们像洋主子一样无知，也像洋主子一样富足。中国商人非常尊敬外国银行里和洋行里的买办。买办们张大嘴巴向洋主子讨肉骨头时，他们的同胞也就流着口水，不胜羡慕地大摇果遍地皆是，著名的揚州菜就是拿這些東西做材料的。

上海是長江流域的金融中心。上海的繁榮應該歸功於外國人的工商活動,外國資本是上海經濟結構的基礎，外國商人和資本家因而成爲上海的貴族階級，住在上海的人都得向這些洋人低頭。這些洋人有他們自己的生活圈子，許多外國人雖然在上海住了幾十年，中國對他們却仍然是個"謎樣的地方"。他們住在富麗幽邃的花園洋房裏，有恭順的中國僕人伺候着，生活得有如王公貴族。主人們靠剝削致富，僕人們則靠揩油分肥。他們的俱樂部拒絕華人參加，似乎没有一個華人值得結識; 他們的圖書館裏也没有一本值得一讀的書。他們自大、無知、頑固，而且充滿種族歧見，就是對於他們自己國内的科學發明和藝術創造也不聞不問，對於正在中國或他們本國發展的新思想和新潮流更一無所知。他們唯一的目標就是賺錢。

地位僅次於這些洋人的是中國買辦，他們像洋主子一樣無知，也像洋主子一樣富足。中國商人非常尊敬外國銀行裏和洋行裏的買辦。買辦們張大嘴巴向洋主子討肉骨頭時，他們的同胞也就流着口水，不勝羨慕地大搖其尾巴。买办阶级很象炼金术士，可以点铜成银，他们的洋主子则点银成金。买办们花了一部分银子讨小老婆，他们的洋主子却高明多了，只要在"女朋友"身上花点金子。

上海的第三等人物是商人。他们从买办手中购来洋货，赚了钱以后就汇钱回家买田置产。他们偶然回乡探亲时，自然而然触动了乡下人的"灵机"，因此到上海做生意的人也愈来愈多。我所谈的上海种种情形，多半是身经目睹的，绝无夸张之词，因为我的许多亲戚就是在上海做生意的，其中有些还是买办。我对他们的生活思想知道得很清楚；同时，我认得不少住在上海的外国人，也听过不少关于他们的故事。开明的外国人，尤其是我所熟悉的美国人，每当我们谈起上海时，总是紧蹙双眉，摇头叹息。

第四等人是工厂工人。他们是农村的过剩人口，因为在农村无法过活，结果放弃耕作而到上海来赚钱。他们是贫民窟的居民。

第五等人，也就是最低贱的一等人，是拉人力车的苦力。他们多半来自江北的贫苦县份。这些名为万物之其尾巴。買辦階級很像煉金術士，可以點銅成銀，他們的洋主子則點銀成金。買辦們花了一部分銀子討小老婆，他們的洋主子却高明多了，只要在"女朋友"身上花點金子。

上海的第三等人物是商人。他們從買辦手中購來洋貨，賺了錢以後就匯錢回家買田置產。他們偶然回鄉探親時，自然而然觸動了鄉下人的"靈機"，因此到上海做生意的人也愈來愈多。我所談的上海種種情形，多半是身經目睹的，絕無誇張之詞，因爲我的許多親戚就是在上海做生意的，其中有些還是買辦。我對他們的生活思想知道得很清楚; 同時，我認得不少住在上海的外國人，也聽過不少關於他們的故事。開明的外國人，尤其是我所熟悉的美國人，每當我們談起上海時，總是緊蹙雙眉，搖頭嘆息。

第四等人是工廠工人。他們是農村的過剩人口，因爲在農村無法過活，結果放棄耕作而到上海來賺錢。他們是貧民窟的居民。

第五等人，也就是最低賤的一等人，是拉人力車的苦力。他們多半來自江北的貧苦縣份。這些名爲萬物之灵的动物，拖着人力车，像牛马一样满街奔跑。这种又便宜又方便的交通工具使上海的活动川流不息，使上海商业动脉中的血液保持循环的，就是人力车苦力。

这五等人合在一起，就构成了一般人所说的"租界心理"，一种崇拜权势，讲究表面的心理。权势包括财力、武力、治外法权等等，表面功夫则表现于绘画、书法、唱歌、音乐，以及生活各方面的肤浅庸俗。我们通称这种"租界心理"为"海派"；与"海派"相对的作风则叫"京派"，也就是北京派。"京派"崇尚意义深刻的艺术，力求完美。上海是金融的海洋，但是在知识上却是一片沙漠。

上海人一天到晚都像蚂蚁一样忙忙碌碌。他们聚敛愈多，也就愈受人敬重。在上海，无论中国文化或西洋文明都糟糕透顶。中国人误解西方文明，西洋人也误解中国文化；中国人仇恨外国人，外国人也瞧中国人不起，谁都不能说没有理由。但是他们有一个共通之点——同样地没有文化；也有一个共同的谅解——敛财。这两种因素终使上海的中国人和外国人成为金钱上的难兄难弟。"你刮我的银，我揩你的油。"

靈的動物，拖着人力車，像牛馬一樣滿街奔跑。這種又便宜又方便的交通工具使上海的活動川流不息，使上海商業動脈中的血液保持循環的，就是人力車苦力。

這五等人合在一起，就構成了一般人所說的"租界心理"，一種崇拜權勢，講究表面的心理。權勢包括財力、武力、治外法權等等，表面功夫則表現於繪畫、書法、唱歌、音樂，以及生活各方面的膚淺庸俗。我們通稱這種"租界心理"爲"海派"；與"海派"相對的作風則叫"京派"，也就是北京派。"京派"崇尚意義深刻的藝術，力求完美。上海是金融的海洋，但是在知識上却是一片沙漠。

上海人一天到晚都像螞蟻一樣忙忙碌碌。他們聚斂愈多，也就愈受人敬重。在上海，無論中國文化或西洋文明都糟糕透頂。中國人誤解西方文明，西洋人也誤解中國文化；中國人仇恨外國人，外國人也瞧中國人不起，誰都不能説沒有理由。但是他們有一個共通之點 —— 同樣地沒有文化；也有一個共同的諒解 —— 斂財。這兩種因素終使上海的中國人和外國人成爲金錢上的難兄難弟。"你刮我的銀，我揩你的油。"

　　沙漠之中还是有绿洲的，上海的可取之处也就在此。在本世纪的最初十年里，治外法权曾使上海成为革命思想和革命书籍的避难所和交换处。进化论和民主思想的种子最初就散播在这些绿洲上，之后又随风飘散到中国的各文化中心。科学和民主的种子在其他各地发育滋长为合抱大树，在上海的却始终高不盈尺。在民国十年到二十年期间，上海因受治外法权的庇护，军阀无法染指，上海及其附近地区的工业曾有急速的发展，留学生回国掌握金融和工业大权以后中国更开始利用管理和生产上的外国诀窍，不过这些诀窍多半是直接从欧美学来的，与上海的外国人关系较小。

　　北京的生活可就不同了。除了美丽的宫殿和宫内园苑之外，我们第一个印象是北京城内似乎只有两个阶级：拉人力车的和被人力车拉的。但是你在北京住久了以后，你会发现被人力车拉的也分好几个阶级。不过要找出一个"上层"阶级倒也不容易，大家彼此和睦相处，所不同的只是职业而已。在过去，旗人出生以后就是贵族；但这些贵族现在已经与平民大众融为一体。大家都生而平等，要出人头地，就得靠自己努力。唯一的贵族阶级

　　沙漠之中還是有綠洲的，上海的可取之處也就在此。在本世紀的最初十年裏，治外法權曾使上海成爲革命思想和革命書籍的避難所和交換處。進化論和民主思想的種子最初就散播在這些綠洲上，之後又隨風飄散到中國的各文化中心。科學和民主的種子在其他各地發育滋長爲合抱大樹，在上海的却始終高不盈尺。在民國十年到二十年期間，上海因受治外法權的庇護，軍閥無法染指，上海及其附近地區的工業曾有急速的發展，留學生回國掌握金融和工業大權以後中國更開始利用管理和生產上的外國訣竅，不過這些訣竅多半是直接從歐美學來的，與上海的外國人關係較小。

　　北京的生活可就不同了。除了美麗的宮殿和宮内園苑之外，我們第一個印象是北京城内似乎只有兩個階級；拉人力車的和被人力車拉的。但是你在北京住久了以後，你會發現被人力車拉的也分好幾個階級。不過要找出一個"上層"階級倒也不容易，大家彼此和睦相處，所不同的只是職業而已。在過去，旗人出生以後就是貴族；但這些貴族現在已經與平民大衆融爲一體。大家都生而平等，要出人頭地，就得靠自己努力。唯一的貴族階級

是有学问的人 —— 画家、书法家、诗人、哲学家、历史家、文学家、以及近代的科学家和工程师。

差不多每一个人都可以抽空以不同的方式欣赏美丽的东西。你可以逛逛古老的书铺，与店主人聊上一阵，欣赏一番书架上的古籍与新书，神游于古今知识的宝库之中，只要你有兴致，你不妨在这里消磨两三个钟头，临走时店伙还会很客气地请你再度光临。除非你自己高兴，你不一定要买书。

如果你有兴致，你可以跑进古董铺，欣赏书画珠宝，包括贵重的珍品和巧妙的赝品。无论你买不买，都会受到欢迎，但是等到你真的对这些东西发生兴趣时，就是要你拿出留着吃晚饭用的最后一块钱，你也在所不惜了。

你也可以跑到戏院里去，欣赏名伶唱戏。他们多半唱得无懈可击，声声动人心弦。要不然你就跑到故宫博物院，去欣赏历代天才所创造的艺术珍品，我在前面所提到的"京派"作风就是在这种永远追求完美，追求更深远的人生意义的氛围下产生的。

如果你高兴，你也可以跑到皇宫内苑所改成的"中央公园"，坐在长满青苔的古树下品茗，或者坐在假山

是有學問的人 —— 畫家、書法家、詩人、哲學家、歷史家、文學家、以及近代的科學家和工程師。

差不多每一個人都可以抽空以不同的方式欣賞美麗的東西。你可以逛逛古老的書鋪，與店主人聊上一陣，欣賞一番書架上的古籍與新書，神游於古今知識的寶庫之中，只要你有興致，你不妨在這裏消磨兩三個鐘頭，臨走時店夥還會很客氣地請你再度光臨。除非你自己高興，你不一定要買書。

如果你有興致，你可以跑進古董鋪，欣賞書畫珠寶，包括貴重的珍品和巧妙的贗品。無論你買不買，都會受到歡迎，但是等到你真的對這些東西發生興趣時，就是要你拿出留着吃晚飯用的最後一塊錢，你也在所不惜了。

你也可以跑到戲院裏去，欣賞名伶唱戲。他們多半唱得無懈可擊，聲聲動人心弦。要不然你就跑到故宮博物院，去欣賞歷代天才所創造的藝術珍品，我在前面所提到的"京派"作風就是在這種永遠追求完美，追求更深遠的人生意義的氛圍下產生的。

如果你高興，你也可以跑到皇宮內苑所改成的"中央公園"，坐在長滿青苔的古樹下品茗，或者坐在假山的古石上闲眺池中的白鹅戏水。在星期天,你可以骑驴,或者坐人力车,或者乘汽车到西山去凭吊名胜古迹,呼吸充塞着古松芳香的空气。

寻求正当娱乐时,学者、艺术家、工匠、科学家、和工程师一致欣赏古老的北京。工作时,他们各自在不同的行业上埋头努力。科学家们在实验室里从事研究,希望对人类的知识宝库提供贡献;工程师拿起计算尺和绘图仪器,设计未来建设的蓝图;学者们埋头在书堆里,希望从历史教训里找寻未来的理想。工匠们在努力创造美丽的器皿;艺术家从自然和文物里获得灵感,用灵巧的手指把心目中的形象表达于画纸或其他材料。

连年战乱并没有使北京受到多大的影响,政府虽然一再易手,这个可爱的古城仍然还是老样子。我在前面曾经提到,国都迁移南京以后,北京已经改名为北平。但是在精神上,北平仍旧是北京,随着国都的迁移,北京的一部份也转到政府的新址,但是北京的气氛和情趣却始终未变。铁路和飞机使这两个城市的血液彼此交流,结果两蒙其利。

南京和北京很不一样,它是个必须从废墟上重建的的古石上閑眺池中的白鵝戲水。在星期天,你可以騎驢,或者坐人力車,或者乘汽車到西山去憑吊名勝古迹,呼吸充塞着古松芳香的空氣。

尋求正當娛樂時,學者、藝術家、工匠、科學家、和工程師一致欣賞古老的北京。工作時,他們各自在不同的行業上埋頭努力。科學家們在實驗室裏從事研究,希望對人類的知識寶庫提供貢獻;工程師拿起計算尺和繪圖儀器,設計未來建設的藍圖;學者們埋頭在書堆裏,希望從歷史教訓裏找尋未來的理想。工匠們在努力創造美麗的器皿;藝術家從自然和文物裏獲得靈感,用靈巧的手指把心目中的形象表達於畫紙或其他材料。

連年戰亂並沒有使北京受到多大的影響,政府雖然一再易手,這個可愛的古城仍然還是老樣子。我在前面曾經提到,國都遷移南京以後,北京已經改名爲北平。但是在精神上,北平仍舊是北京,隨着國都的遷移,北京的一部份也轉到政府的新址,但是北京的氣氛和情趣却始終未變。鐵路和飛機使這兩個城市的血液彼此交流,結果兩蒙其利。

南京和北京很不一樣,它是個必須從廢墟上重建的城市。新都里充满拆除旧屋、建筑新厦的精神。北京的人固然也憧憬着未来,他们却始终浸淫于旧日的光辉里。但是南京除了历史记忆之外,并无足资依赖的过去,一切都得从头作起。因此大家都在思考、计划、和工作,生活也跟着这些活动而显得紧张。每个人都忙着开会和执行命令。空气永远是那么紧张,北京的悠闲精神无法在南京发荣滋长。

街上行人熙来攘往,人力车夫争先恐后,就是懒洋洋的驴子也受了急急忙忙的行人和车辆的感染而加紧了脚步。每月都有新道路和新建筑出现,到处都在发展,而且是急速的发展。

甚至连娱乐都得花很大气力去争取。饭馆只能在拥挤的角落里供应饭菜。新店面尚未建筑完工,人们在花园里栽花种木,焦急地等待着花木长大。你需要东西全得临时设法。除非你不断地积极工作,你就会落伍;你必须努力不懈,才能追上时代精神。经过六七年的辛勤工作之后,南京终于成为崭新而繁荣的都市了。旧日的废墟正在迅速地消失,思考、计划、和工作的精神不断在发展,而且扩散到各省的其他城市,国家的前途也因

城市。新都裏充滿拆除舊屋、建築新厦的精神。北京的
人固然也憧憬着未來，他們却始終浸淫於舊日的光輝
裏。但是南京除了歷史記憶之外，並無足資依賴的過去，
一切都得從頭作起。因此大家都在思考、計劃、和工作，
生活也跟着這些活動而顯得緊張。每個人都忙着開會和
執行命令。空氣永遠是那麼緊張，北京的悠閑精神無法
在南京發榮滋長。

　　街上行人熙來攘往，人力車夫爭先恐後，就是懶洋
洋的驢子也受了急急忙忙的行人和車輛的感染而加緊了
脚步。每月都有新道路和新建築出現，到處都在發展，
而且是急速的發展。

　　甚至連娛樂都得花很大氣力去爭取。飯館只能在擁
擠的角落裏供應飯菜。新店面尚未建築完工，人們在花
園裏栽花種木，焦急地等待着花木長大。你需要東西全
得臨時設法。除非你不斷地積極工作，你就會落伍；你
必須努力不懈，才能追上時代精神。經過六七年的辛勤
工作之後，南京終於成爲嶄新而繁榮的都市了。舊日的
廢墟正在迅速地消失，思考、計劃、和工作的精神不斷
在發展，而且擴散到各省的其他城市，國家的前途也因

而大放光明。

你为了急追赶上世界的潮流，计划或许很远大，甚至已经跑在时代的前头，但是实际行动势必无法赶上你的思想。你可以栽花种木，但是你不能在一夜之间使它们长大成荫；铁道公路必须一尺一码地铺筑，改革计划也不能在旦夕之间实现。于是，你可能要问：我们又何必这样惶惶不可终日呢？

当时有几句流行的话，颇足代表一般人的感慨，这几句话是："议而不决，决而不办，办而不通。"当然，实际的情形并不至于如此之糟，但是有一件事情是无可置疑的：大家都觉得他们的工作成绩不如理想。其实，这就是进步的精神。

杭州与前面所谈的三个城市都有一点相像，但是与他们又都不同。在古文化上，杭州有点像北京，因为它是"学人之省"的首府，但是缺少北京的雄伟。杭州像上海一样带点商业色彩，但是色调比较清淡，同时因为没有洋主子存在，故有表现个性的自由。在改革和建设的精神上，它有点像南京，但是气魄较小。杭州究竟只是中国一省里的城市，北京和南京却是全国性的都市。

而大放光明。

你爲了急追趕上世界的潮流，計劃或許很遠大，甚至已經跑在時代的前頭，但是實際行動勢必無法趕上你的思想。你可以栽花種木，但是你不能在一夜之間使它們長大成蔭;鐵道公路必須一尺一碼地鋪築，改革計劃也不能在旦夕之間實現。於是，你可能要問: 我們又何必這樣惶惶不可終日呢?

當時有幾句流行的話，頗足代表一般人的感慨，這幾句話是:"議而不決，決而不辦，辦而不通。"當然，實際的情形並不至於如此之糟，但是有一件事情是無可置疑的: 大家都覺得他們的工作成績不如理想。其實，這就是進步的精神。

杭州與前面所談的三個城市都有一點相像，但是與他們又都不同。在古文化上，杭州有點像北京，因爲它是"學人之省"的首府，但是缺少北京的雄偉。杭州像上海一樣帶點商業色彩，但是色調比較清淡，同時因爲没有洋主子存在，故有表現個性的自由。在改革和建設的精神上，它有點像南京，但是氣魄較小。杭州究竟只是中國一省裏的城市，北京和南京却是全國性的都市。

杭州最大的资产是西湖。西湖不但饶山水之胜，而且使人想到历代文人雅士的风流韵事，但是杭州的缺点也就在此。因为杭州人把西湖视如拱璧，眼光也就局限于此；他们甚至自欺欺人地以为西湖比太平洋还伟大，并且足与天堂媲美。他们已经被"上有天堂,下有苏杭"的俗谚所催眠而信以为真。他们想,且别管苏州怎么样，杭州就在这里，所以这里也就是天堂。

自我来台湾以后，从经验中证实，苏杭确是天堂，因为既无地震，又无台风。

杭州人的心目中只有西湖，你如果在这里住得太久，你不免有沉醉于西湖的危险。

讨论问题：

1. 本文所描述的上海、北京、杭州和南京大多是二十世纪初期或二次大战前后的情景，和现在的情形有什么不同？

2. 请举例说明"海派"与"京派"的不同。

3. 江南风景常以"小桥流水"或"杏花春雨"作为代表，这样的景观和美国的大峡谷（The Grand Canyon）或黄石公园（The Yellowstone Park）相比较，给你什么样的感觉？

杭州最大的資産是西湖。西湖不但饒山水之勝，而且使人想到歷代文人雅士的風流韻事，但是杭州的缺點也就在此。因爲杭州人把西湖視如拱璧，眼光也就局限於此；他們甚至自欺欺人地以爲西湖比太平洋還偉大，並且足與天堂媲美。他們已經被"上有天堂,下有蘇杭"的俗諺所催眠而信以爲真。他們想,且別管蘇州怎麼樣,杭州就在這裏，所以這裏也就是天堂。

自我來台灣以後，從經驗中證實，蘇杭確是天堂，因爲既無地震，又無颱風。

杭州人的心目中只有西湖，你如果在這裏住得太久，你不免有沉醉於西湖的危險。

討論問題：

1. 本文所描述的上海、北京、杭州和南京大多是二十世紀初期或二次大戰前後的情景，和現在的情形有什麼不同？

2. 請舉例説明"海派"與"京派"的不同。

3. 江南風景常以"小橋流水"或"杏花春雨"作爲代表，這樣的景觀和美國的大峽谷（The Grand Canyon）或黃石公園（The Yellowstone Park）相比較，給你什麼樣的感覺？

（十五）

中国近代思想史上的激进与保守

-余英时-

背景简介:

　　余英时（1930- ），中国当代史学家。香港新亚书院第一届毕业生。美国哈佛大学历史学博士。曾任哈佛大学中国史教授，耶鲁大学讲座教授。现任普林斯顿大学讲座教授。有中英文著作数十种。

　　〈中国近代思想史上的激进与保守〉扼要的叙述了最近一百多年来中国思想史上激进与保守两股力量的互相消长。由于近代中国始终缺少一个令人满意的"现状"，知识分子的思想逐日趋于激进，以至于造成对中国传统的全盘否定。

　　本文对中国近代史上的几次重大变革和运动从思想史的角度进行了深刻而独到的剖析。

　　〈中国近代思想史上的激进与保守〉节选自余英时《犹记风吹水上鳞》（台北: 三民书局，1991）页199-242。

（十五）

中國近代思想史上的激進與保守

-余英時-

Yu Yingshi (1930-), a contemporary Chinese historian, was a member of the first class to graduate from the New Asia College in Hong Kong. He received a Ph.D from Harvard University and has served there as a Chinese history professor, and as a chair professor at Yale University. He is currently the Gordon Wu Professor of Chinese Studies at Princeton University. He has written scores of works in both Chinese and English.

"Radicalism and Conservatism in Modern Chinese History" succinctly depicts the struggle between radical and conservative elements that Chinese intellectual thought has encountered over the past one hundred years. Due to a lack of a satisfactory status quo in modern China, intellectual thought gradually became more and more radical, eventually rejecting all Chinese tradition.

This work approaches the major changes and movements of China from a historical perspective. Its analysis is both in-depth and insightful.

"Radicalism and Conservatism in Modern Chinese History" is an excerpt taken from *Youji fengchui shuishanglin*. (Taibei: Sanmin shuju, 1991, pp. 99-242).

（十五）

中国近代思想史上的激进与保守

香港中文大学廿五周年纪念讲座第四讲（一九八八年九月）

-余英时-

"激进与保守"就是英文的所谓 radicalism versus conservatism。我想说明一点,我所说的思想史上的 conservatism 跟 radicalism, 不是政治态度上的保守派、激进派、革命派。我主要是讲,在思想上某些有意识发展出来的看法,而不只是从现在的行为来讲。所以我不会涉及现在北京有谁是保守派、谁是激进派,当然现实上的激进派和保守派,跟思想上的 conservatism 和 radicalism 是有关系的。

我所说的激进、保守并不是说哪一套思想,也不是指某一特定的学派。我指的是一种态度,英文叫 disposition,一种倾向,或者是一种 orientation。这种态度是常常发生的,特别在一个时代、一个社会有重大变化的时期,这两种态度我们常常看得见。

我们说某某人保守,某某人激进,都要有一个定

（十五）

中國近代思想史上的激進與保守

香港中文大學廿五周年紀念講座第四講（一九八八年九月）

-余英時-

"激進與保守"就是英文的所謂 radicalism versus conservatism。我想說明一點，我所說的思想史上的 conservatism 跟 radicalism，不是政治態度上的保守派、激進派、革命派。我主要是講，在思想上某些有意識發展出來的看法，而不只是從現在的行為來講。所以我不會涉及現在北京有誰是保守派、誰是激進派，當然現實上的激進派和保守派，跟思想上的 conservatism 和 radicalism 是有關係的。

我所說的激進、保守並不是說哪一套思想，也不是指某一特定的學派。我指的是一種態度，英文叫 disposition，一種傾向，或者是一種 orientation。這種態度是常常發生的，特別在一個時代、一個社會有重大變化的時期，這兩種態度我們常常看得見。

我們說某某人保守，某某人激進，都要有一個定

335

点。如果没有一个标准,没有一个座标,我们很难说某人是保守的、某人是激进的。因为保守跟激进一定是相对于什么东西来说。相对于什么呢?一般说是相对于现状。最简单地说,保守就是要维持现状,不要变;激进就是对现状不满意,要打破现状。可是,我们知道,这样用的时候,保守和激进都可以有不同程度的态度:可以是极端的保守,什么都不变;也可以是极端的激进,一切都打倒。但是保守主义并不是说一个人什么都保守,而指一个人是激进主义也不是说他必然激烈到要摧毁一切。在保守与激进之间,有各种程度不同的立场。但是,无论如何,这两个态度是相对于某一种现存的秩序来说的。所以我们讲历史上的保守与激进,必须先了解一种现状。从这方面看,中国近代思想上的保守与激进,跟西方的甚至跟中国过去的都不同。

在美国讲保守主义,通常是用于一个政治意义的,就是说政治上的保守。Conservatism 基本上是一个政治的概念。不过,我在这里却要把文化的也放在里面。

點。如果沒有一個標準,沒有一個座標,我們很難説某人是保守的、某人是激進的。因爲保守跟激進一定是相對於什麼東西來説。相對於什麼呢? 一般説是相對於現狀。最簡單地説,保守就是要維持現狀,不要變; 激進就是對現狀不滿意,要打破現狀。可是,我們知道,這樣用的時候,保守和激進都可以有不同程度的態度: 可以是極端的保守,什麼都不變; 也可以是極端的激進,一切都打倒。但是保守主義並不是説一個人什麼都保守,而指一個人是激進主義也不是説他必然激烈到要摧毀一切。在保守與激進之間,有各種程度不同的立場。但是,無論如何,這兩個態度是相對於某一種現存的秩序來説的。所以我們講歷史上的保守與激進,必須先了解一種現狀。從這方面看,中國近代思想上的保守與激進,跟西方的甚至跟中國過去的都不同。

在美國講保守主義,通常是用於一個政治意義的,就是説政治上的保守。Conservatism 基本上是一個政治的概念。不過,我在這裏却要把文化的也放在裏面。

在中国近代史上，从鸦片战争以后，太平天国到十九世纪末叶，中国的现状在不断的改变，没有一个秩序是稳定的，没有一个基础可以作为衡量保守或激进的根据。我想说明的是：在中国近代、现代思想史上，保守主义与激进主义之间的关系有什么特色。我想把这个变化简单的分成几个阶段。

第一个阶段是在五四运动以前，大致是从十九世纪中叶开始。那时魏源等人提出"师夷之长技以制夷"的口号，就是学习西方人技术上的长处，用船坚炮利来对付外国人。这是技术上的改变，接下来就是政治改革，这要到康有为、梁启超的戊戌变法才正式提出。变法运动是近代思想史上激进与保守对垒的开始。康氏认为枝枝节节的改变是没有用的，于是提出了"全变"、"速变"的主张。康氏首先对传统的政治制度提出基本的怀疑。他认为：这个制度已经没有办法应付"列强瓜分便在眼前"的危急情势，因此必须采取君主立宪的制度。这是中国历史上从来没有的新鲜事物，这种思想激进得不可以道里计，所以引起的反响也极其巨大。换句话说，在中國近代史上,從鴉片戰爭以後,太平天國到十九世紀末葉,中國的現狀在不斷的改變,沒有一個秩序是穩定的,沒有一個基礎可以作爲衡量保守或激進的根據。我想説明的是: 在中國近代、現代思想史上,保守主義與激進主義之間的關係有什麽特色。我想把這個變化簡單的分成幾個階段。

第一個階段是在五四運動以前,大致是從十九世紀中葉開始。那時魏源等人提出"師夷之長技以制夷"的口號,就是學習西方人技術上的長處,用船堅炮利來對付外國人。這是技術上的改變,接下來就是政治改革,這要到康有爲、梁啓超的戊戌變法才正式提出。變法運動是近代思想史上激進與保守對壘的開始。康氏認爲枝枝節節的改變是沒有用的,於是提出了"全變"、"速變"的主張。康氏首先對傳統的政治制度提出基本的懷疑。他認爲: 這個制度已經沒有辦法應付"列强瓜分便在眼前"的危急情勢,因此必須採取君主立憲的制度。這是中國歷史上從來沒有的新鮮事物,這種思想激進得不可以道里計,所以引起的反響也極其巨大。換句話説,既然传统的政治伦理秩序不能成为我们的根据,那么我们就需要彻底的改换。这个改换当然不限于政治,也涉及宗教的改变,譬如他要立孔教。他创孔教当然是仿照西方,要把中国的儒家变成有组织、有形式的宗教,有如基督教。因为他认为西方强大的原因之一是由于宗教的力量。我觉得他对西方看得很对,但是要把儒教改变成一个西方式的宗教却是不大可能的事情。在这个时候,基本上还是政治的激进主义,虽然已经接触到文化的层面,但还没有完全直接而全面的碰到文化的问题。

到了五四运动,又叫新文化运动,是从民国六年（一九一七）提倡白话文开始。这个运动将保守跟激进的对峙从政治推进到文化层面,是属于第二个阶段。

从清朝末年到民国初年,我们发现政治的现实是没有一个值得维持的现状。在没有现状值得维持的情况下,就只有另外一股力量,就是激进的力量,拼命的发展。基本上中国近百年来是以"变":变革、变动、革命作为基本价值的。并不像西方,有一个既然傳統的政治倫理秩序不能成爲我們的根據,那麼我們就需要徹底的改換。這個改換當然不限於政治,也涉及宗教的改變,譬如他要立孔教。他創孔教當然是仿照西方,要把中國的儒家變成有組織、有形式的宗教,有如基督教。因爲他認爲西方强大的原因之一是由於宗教的力量。我覺得他對西方看得很對,但是要把儒教改變成一個西方式的宗教却是不大可能的事情。在這個時候,基本上還是政治的激進主義,雖然已經接觸到文化的層面,但還沒有完全直接而全面的碰到文化的問題。

到了五四運動,又叫新文化運動,是從民國六年（一九一七）提倡白話文開始。這個運動將保守跟激進的對峙從政治推進到文化層面,是屬於第二個階段。

從清朝末年到民國初年,我們發現政治的現實是沒有一個值得維持的現狀。在沒有現狀值得維持的情況下,就只有另外一股力量,就是激進的力量,拼命的發展。基本上中國近百年來是以"變":變革、變動、革命作爲基本價值的。並不像西方,有一個基本系统在那里,有些人要保守它多少,有些人要改变它多少。

到了五四运动,碰到的问题已不是移用西学、西政就可以解决的,基本上是要以西方现代化来代替中国的旧文化,这就是五四新文化运动的基本意义。进步变成最高价值,任何人敢对"进步"稍表迟疑都是反动、退后、落伍、保守。在这种情况之下,保守的观念和进步的观念就不能保持平衡。在西方,例如英国有保守党,他们并不以"保守"为可耻。但在中国我却未碰过人会称自己为保守党。中国人如果对旧东西有些留恋,说话时就总带几分抱歉的意思,因他总觉得保守、落伍是说不出口的。只有前进、创新、革命才是真正的价值所在。所以中国思想史上的保守与激进实在不成比例,更无法互相制衡。

五四文化运动时,不少人是用西方启蒙运动以来的一些观念作为推翻和取代传统制度的根据。其中最重要的当然是民主与科学了。科学所代表的精神是什么?简单地说,就是认为求知是一个很高的价基本系統在那裏,有些人要保守它多少,有些人要改變它多少。

到了五四運動,碰到的問題已不是移用西學、西政就可以解決的,基本上是要以西方現代化來代替中國的舊文化,這就是五四新文化運動的基本意義。進步變成最高價值,任何人敢對"進步"稍表遲疑都是反動、退後、落伍、保守。在這種情況之下,保守的觀念和進步的觀念就不能保持平衡。在西方,例如英國有保守黨,他們並不以"保守"爲可耻。但在中國我却從未碰過人會稱自己爲保守黨。中國人如果對舊東西有些留戀,説話時就總帶幾分抱歉的意思,因他總覺得保守、落伍是説不出口的。只有前進、創新、革命才是真正的價值所在。所以中國思想史上的保守與激進實在不成比例,更無法互相制衡。

五四文化運動時,不少人是用西方啓蒙運動以來的一些觀念作爲推翻和取代傳統制度的根據。其中最重要的當然是民主與科學了。科學所代表的精神是什麼?簡單地説,就是認爲求知是一個很高的價值,是一种为知识而知识的态度,为求真理而求真理的态度。在中国比较重实用的传统中,或以道德为主体的文化中,这是比较受压制的一种态度。

刚才我说在近代中国,因为政治现实太混乱,得不到大家的认同,思想的激进化也停不下来。思想与现实完全分了家,便只有在激进的轨道上向前飞驰。在这种情况下,只有激进主义,只有变的程度的不同,没有一个严格的保守主义在中国出现。第一流的中国学人、思想家中也有人曾对保守的问题提出很深的看法,但他们也还是要变,不过强调不要变得太过,在变的时候要保留中国某些好的地方。但这些主张渐变或变得少一点,主张保留一点中国文化基础的人,往往就被人看为保守主义者。

在中国五四前后的几年,个性解放一度提出,个人主义也一度出现。譬如胡适所提倡的"易卜生主义"（Ibsenism）,可以说就是一种个人主义,妇女解放。可是这种东西都挡不过民族的危机。其实,中国近百年来的变化,一个最大的动力就是民族主义。一个政治力量是成功还是失败,就看他对民族情绪值,是一種爲知識而知識的態度,爲求真理而求真理的態度。在中國比較重實用的傳統中,或以道德爲主體的文化中,這是比較受壓制的一種態度。

剛才我説在近代中國,因爲政治現實太混亂,得不到大家的認同,思想的激進化也停不下來。思想與現實完全分了家,便只有在激進的軌道上向前飛馳。在這種情況下,只有激進主義,只有變的程度的不同,没有一個嚴格的保守主義在中國出現。第一流的中國學人、思想家中也有人曾對保守的問題提出很深的看法,但他們也還是要變,不過强調不要變得太過,在變的時候要保留中國某些好的地方。但這些主張漸變或變得少一點,主張保留一點中國文化基礎的人,往往就被人看爲保守主義者。

在中國五四前後的幾年,個性解放一度提出,個人主義也一度出現。譬如胡適所提倡的"易卜生主義"（Ibsenism）,可以説就是一種個人主義,婦女解放。可是這種東西都擋不過民族的危機。其實,中國近百年來的變化,一個最大的動力就是民族主義。一個政治力量是成功還是失敗,就看他對民族情緒的利用到家不到家。如果能够得到民族主义的支持，某一种政治力量就会成功，相反的就会失败。西方人也承认这一点，他们本来认为民族主义是最落后、甚至反动的东西。可是今天在非西方的世界，民族主义始终是个不可忽视的巨大力量。我们甚至可以说共产主义所以在中国能够大行其道，其背后的力量就是民族主义。

为了民族的生存，为了从一百多年帝国主义的侵略中站起来，我们不惜牺牲个人的自由，来完成民族的自由。孙中山先生也这样说过：必须牺牲小我的自由，然后才能获得大我的自由。这是个普遍的要求，在这个普遍的要求之下，我们就可看到：西方式的自由，是以个人主义为基础的民主，在中国既然没有中产阶级，也没有自由的传统，民主是很难发展的。科学则不同，它可以凭本身的成就来取信于人，而民主则不能。

到了抗战，就是我说的第三个阶段。这时文化的问题大家似乎已经不谈了。以主流的思想界而言，他们大致都认定中国文化是阻碍现代化的。在这个的利用到家不到家。如果能夠得到民族主義的支持，某一種政治力量就會成功，相反的就會失敗。西方人也承認這一點，他們本來認為民族主義是最落後、甚至反動的東西。可是今天在非西方的世界，民族主義始終是個不可忽視的巨大力量。我們甚至可以說共產主義所以在中國能夠大行其道，其背後的力量就是民族主義。

為了民族的生存，為了從一百多年帝國主義的侵略中站起來，我們不惜犧牲個人的自由，來完成民族的自由。孫中山先生也這樣說過：必須犧牲小我的自由，然後才能獲得大我的自由。這是個普遍的要求，在這個普遍的要求之下，我們就可看到：西方式的自由，是以個人主義為基礎的民主，在中國既然沒有中產階級，也沒有自由的傳統，民主是很難發展的。科學則不同，它可以憑本身的成就來取信於人，而民主則不能。

到了抗戰，就是我說的第三個階段。這時文化的問題大家似乎已經不談了。以主流的思想界而言，他們大致都認定中國文化是阻礙現代化的。在這個

347

思想基调上,有些人就很容易接受马克思主义五阶段论是历史的法则的说法。中国当然还处在封建时期,还没有到资本主义时期。到后来共产党讲了半天也只能讲资本主义萌芽。但是马上又有帝国主义来了,所以中国是一个半封建、半殖民地状态。这都是套西方的模式,都认为文化的发展有一定的阶段,而中国所缺乏的就是一个最新的阶段。

在这样的情况下,激进的思想就要把中国推到历史的最新阶段,马上就要超越资本主义,进入社会主义,如果社会主义还不够,下一步就是共产主义,愈快愈好! 因此就不顾现实的条件。而民主自由这一西方的传统,在五四时是认为很重要的,可以代表西方文化的精华,到了二十年代中叶反而被看成是资产阶级的文化。而资产阶级的文化在中国思想激进化的过程中,很快就被看做落后的东西。

简单的说,中国经过五四,先是否定了自己的文化传统,认为是负面的,是造成现状的主因。如果想改变现状,就先要西方化,或近代化,或全盘西化。西化的标准是什么?就是以民主与科学为主流的欧美思想基調上，有些人就很容易接受馬克思主義五階段論是歷史的法則的説法。中國當然還處在封建時期，還沒有到資本主義時期。到後來共產黨講了半天也只能講資本主義萌芽。但是馬上又有帝國主義來了，所以中國是一個半封建、半殖民地狀態。這都是套西方的模式，都認爲文化的發展有一定的階段，而中國所缺乏的就是一個最新的階段。

在這樣的情況下，激進的思想就要把中國推到歷史的最新階段，馬上就要超越資本主義，進入社會主義，如果社會主義還不够，下一步就是共產主義，愈快愈好！因此就不顧現實的條件。而民主自由這一西方的傳統，在五四時是認爲很重要的，可以代表西方文化的精華，到了二十年代中葉反而被看成是資產階級的文化。而資產階級的文化在中國思想激進化的過程中，很快就被看做落後的東西。

簡單的説，中國經過五四，先是否定了自己的文化傳統，認爲是負面的，是造成現狀的主因。如果想改變現狀，就先要西方化，或近代化，或全盤西化。西化的標準是什麽？就是以民主與科學爲主流的歐美传统。但五四运动不到两三年,共产党就在一九二一年成立了。一、两年之内中国的思想很快就进入更激烈的共产主义阶段。马克思主义得到不少青年的信仰。抗战的最初几年,举国为民族主义的思潮所激动,大家暂时不谈如何改变中国现状的问题。但抗战后期,特别是一九四一年美国参战以后,民族危机基本上渡过了,中国在战后应该建立怎样一种社会文化秩序便立刻再度成为思想界争论的主题。激进化的过程也以更大的速度在中国思想史上重新开始。这个思想的激进化仍是同一历史趋势的继续发展,不过因为民族危机而一度停顿而已。危机一过,它自然又抬头了。最根本的原因还是知识分子对于愈来愈坏的现状不可能认同。因此彻底打破现状,建造一个全新的理想社会,对于知识分子而言,还是具有最大的吸引力。当时虽然也有少数文化上倾向保守的学人大声疾呼,要人们正视革新与传统的关系,但是这种呼声只能招来讥笑,而不能激起深思。这是因为受五四洗礼的中国知识分子已认定现状的造成必须由传统来负责。西方式的民主理念虽然在

傳統。但五四運動不到兩三年,共產黨就在一九二
一年成立了。一、兩年之內中國的思想很快就進入
更激烈的共產主義階段。馬克思主義得到不少青年
的信仰。抗戰的最初幾年,舉國爲民族主義的思潮
所激動,大家暫時不談如何改變中國現狀的問題。
但抗戰後期,特別是一九四一年美國參戰以後,民族
危機基本上渡過了,中國在戰後應該建立怎樣一種
社會文化秩序便立刻再度成爲思想界爭論的主題。
激進化的過程也以更大的速度在中國思想史上重新
開始。這個思想的激進化仍是同一歷史趨勢的繼續
發展,不過因爲民族危機而一度停頓而已。危機一
過,它自然又抬頭了。最根本的原因還是知識分子
對於愈來愈壞的現狀不可能認同。因此徹底打破現
狀,建造一個全新的理想社會,對於知識分子而言,還
是具有最大的吸引力。當時雖然也有少數文化上傾
向保守的學人大聲疾呼,要人們正視革新與傳統的
關係,但是這種呼聲只能招來譏笑,而不能激起深思。
這是因爲受五四洗禮的中國知識分子已認定現狀的
造成必須由傳統來負責。西方式的民主理念雖然在

少数高级知识分子那里还有销路,但市场也越来越小,不但激进的青年对它不感浓厚的兴趣,而且传统派的学人对它也拒多迎少。这种情形并不难理解;在一个中间阶层并没有力量而教育又不普及的社会,西方式的民主政治确是很难在短期内实现的。

一九五〇年以后,中共依照史达林在苏联所建立的一套社会模式彻底改造了中国。在短短数年之内,废除了几千年来自然演进而成的一切制度和组织。在消灭了私有财产之后,所有传统的中间团体(intermediate groups)如宗族、行会、私立学校、宗教组织、同乡会等都失去了存在的依据,或者是名存而实亡。中国社会只有一个党的组织系统,从中央一直伸展到每一个家庭,以至个人。这确是一个全"新"的结构。从思想史的角度看,这一天翻地覆的巨变正是近代中国思想激进化的结果。

在五十年代的初期,大多数中国的知识分子无论理不理解或接不接受这个"新"的秩序,大概都不得不承认这个秩序确是"新"的,而且会长期存在下去。中国在经历了一百年的动乱之后,似乎出少數高級知識分子那裏還有銷路,但市場也越來越小,不但激進的青年對它不感濃厚的興趣,而且傳統派的學人對它也拒多迎少。這種情形並不難理解;在一個中間階層並沒有力量而教育又不普及的社會,西方式的民主政治確是很難在短期內實現的。

一九五〇年以後,中共依照史達林在蘇聯所建立的一套社會模式徹底改造了中國。在短短數年之內,廢除了幾千年來自然演進而成的一切制度和組織。在消滅了私有財產之後,所有傳統的中間團體（intermediate groups）如宗族、行會、私立學校、宗教組織、同鄉會等都失去了存在的依據,或者是名存而實亡。中國社會只有一個黨的組織系統,從中央一直伸展到每一個家庭,以至個人。這確是一個全"新"的結構。從思想史的角度看,這一天翻地覆的巨變正是近代中國思想激進化的結果。

在五十年代的初期,大多數中國的知識分子無論理不理解或接不接受這個"新"的秩序,大概都不得不承認這個秩序確是"新"的,而且會長期存在下去。中國在經歷了一百年的動亂之後,似乎出现了一个现状，可以为保守或激进的思想提供一个社会座标。

最值得注意的是：一九四九年以后，在大陆上所出现的新现状很快的又成为被否定的对象。思想激进化的历程仍然在持续之中。我们可以用毛泽东的思想变化作一说明。毛泽东虽然只能算是一个边缘性的知识分子，但是他确是受过五四激进思潮洗礼的人。因此他不能认同于任何现状，一生都在激进化的历程之中。抗战时期他提出过"新民主主义"的主张，但是等到实现这一主张的时机出现时，他已抛弃了它。一九五五年他便认定"社会主义"的阶段已经来临，从此废除了私有制，在城市中消灭了工商阶层，在农村则收回了土改所分给农民的土地，实行农业合作化。再过三年，他又不甘心停留在"社会主义"阶段，开始办"人民公社"，要立刻进入"共产主义"的阶段。"人民公社"、"大跃进"造成了空前的三年灾害，不得不暂时退却。然而在经济刚刚恢复之后，他又发动所谓"文化大革命"了。我们当然不能天真的把这些一次比一次激进的現了一個現狀,可以爲保守或激進的思想提供一個社會座標。

最值得注意的是: 一九四九年以後,在大陸上所出現的新現狀很快的又成爲被否定的對象。思想激進化的歷程仍然在持續之中。我們可以用毛澤東的思想變化作一説明。毛澤東雖然只能算是一個邊緣性的知識分子,但是他確是受過五四激進思潮洗禮的人。因此他不能認同於任何現狀,一生都在激進化的歷程之中。抗戰時期他提出過"新民主主義"的主張,但是等到實現這一主張的時機出現時,他已拋棄了它。一九五五年他便認定"社會主義"的階段已經來臨,從此廢除了私有制,在城市中消滅了工商階層,在農村則收回了土改所分給農民的土地,實行農業合作化。再過三年,他又不甘心停留在"社會主義"階段,開始辦"人民公社",要立刻進入"共產主義"的階段。"人民公社"、"大躍進"造成了空前的三年災害,不得不暫時退却。然而在經濟剛剛恢復之後,他又發動所謂"文化大革命"了。我們當然不能天真的把這些一次比一次激進的政治行动都归因于毛泽东个人的思想激化,其中当然涉及无数内在和外在的、个人和社会的复杂因素。我们只是要指出,象文革这样的巨变也可以从思想史的背景方面获得一种解释。百年以来,中国的旧秩序已崩溃,而一个能为多数人所接受的新秩序迟迟无法出现,因此思想的激进化也没有止境。这样就陷入了一个恶性循环:一方面恶化的现状滋生激进的思想,另一方面,思想的激化又加深现状的动荡。无论毛泽东发动文革的真正动机是什么,他之所以能够理直气壮的以越来越激烈的口号煽动群众则正是凭借了思想史上这一股激进化的冲力。

那么文革以后,中国思想史的激进化过程是不是已结束了呢?在最近这十年间,由于"改革"和"开放"的需要,我们重新听到了大陆知识分子的心声。这十年来的大陆知识分子确有"百家争鸣、百花齐放"的气象,他们的声音很多,不再是单调的直线发展。但是就其中表现的主要倾向而言,我们觉得激进化的历程仍未终止,不过倒转了方向而已。如果我们以"五四"为起点,我们不妨说,经过七十政治行動都歸因於毛澤東個人的思想激化,其中當然涉及無數內在和外在的、個人和社會的複雜因素。我們只是要指出,像文革這樣的巨變也可以從思想史的背景方面獲得一種解釋。百年以來,中國的舊秩序已崩潰,而一個能爲多數人所接受的新秩序遲遲無法出現,因此思想的激進化也沒有止境。這樣就陷入了一個惡性循環: 一方面惡化的現狀滋生激進的思想,另一方面,思想的激化又加深現狀的動蕩。無論毛澤東發動文革的真正動機是什麼,他之所以能够理直氣壯的以越來越激烈的口號煽動群衆則正是憑藉了思想史上這一股激進化的衝力。

那麽文革以後,中國思想史的激進化過程是不是已結束了呢? 在最近這十年間,由於 "改革" 和 "開放" 的需要,我們重新聽到了大陸知識分子的心聲。這十年來的大陸知識分子確有 "百家爭鳴、百花齊放" 的氣象,他們的聲音很多,不再是單調的直線發展。但是就其中表現的主要傾向而言,我們覺得激進化的歷程仍未終止,不過倒轉了方向而已。如果我們以 "五四" 爲起點,我們不妨說,經過七十年的激进化，中国思想史走完了第一个循环圈，现在又回到了"五四"的起点。西方文化主流中的民主、自由、人权、个性解放等观念再度成为中国知识分子的中心价值。全面谴责中国文化传统和全面拥抱西方现代文化似乎是当前的思想主调。

从思想的实质说，第一个循环是从"五四"的自由主义，特别是其中的个体主义，迅速的向社会主义的一端转化。五四时代强烈的个性解放和自我意识是对于传统"名教"的反抗。但此后的民族危机日深却使"大我"淹没了"小我"。社会主义和民族主义之间本无必然的联系，不过二者之间有一个共同点，即以群体为本位。在这一点上，二者终于合流了。以中国的特殊经验而言，其结果就是一个更具压制性的"新名教"秩序的建立。正由于第一循环始于摧毁旧名教而终于建立新名教，所以今天第二个循环又不得不回到五四的起点，再度从个体本位出发。但以其对中国文化传统的态度而言，第二循环的激进较之第一循环只有过之而无不及。这是由于五四一代的传统批判者基本上是在中国传统的年的激進化,中國思想史走完了第一個循環圈,現在又回到了"五四"的起點。西方文化主流中的民主、自由、人權、個性解放等觀念再度成爲中國知識分子的中心價值。全面譴責中國文化傳統和全面擁抱西方現代文化似乎是當前的思想主調。

從思想的實質說,第一個循環是從"五四"的自由主義,特別是其中的個體主義,迅速的向社會主義的一端轉化。五四時代强烈的個性解放和自我意識是對於傳統"名教"的反抗。但此後的民族危機日深却使"大我"淹没了"小我"。社會主義和民族主義之間本無必然的聯繫,不過二者之間有一個共同點,即以群體爲本位。在這一點上,二者終於合流了。以中國的特殊經驗而言,其結果就是一個更具壓制性的"新名教"秩序的建立。正由於第一循環始於摧毀舊名教而終於建立新名教,所以今天第二個循環又不得不回到五四的起點,再度從個體本位出發。但以其對中國文化傳統的態度而言,第二循環的激進較之第一循環只有過之而無不及。這是由於五四一代的傳統批判者基本上是在中國傳統的薰陶下成长的,因此对中国文化的长处还有亲切的体验。传统的道统规范和情操对他们的立身处世多少还有一些约束作用。今天新一代的批判者无论在知识上和生活上都已没有机会直接接触传统文化。他们往往把集权体制看成中国文化的现代翻版,在这样的心态下,反现状和反中国文化竟合为一体了。

从文化的观点说,"保守"和"激进"这两种似相反而实相成的态度在长程的发展中必须取得平衡。面对现代西方文化的挑战,中国传统文化不得不进行大幅度的改变,这是百余年来大家所共同接受的态度。但是与近代西方或日本相比较,中国思想的激进化显然是走得太远了,文化上的保守力量几乎丝毫没有发生制衡的作用。中国的思想主流要求我们彻底和传统决裂。因此我们对于文化传统只是一味的批判,而极少"同情的了解",甚至把传统当做一种客观对象加以冷静的研究,我们也没有真正做到。这是西方"为知识而知识"的科学精神,但却始终与中国的知识分子无缘。中国人文传统的研究到今天已衰落到惊人的地步。对传统进行猛烈

薰陶下成長的,因此對中國文化的長處還有親切的
體驗。傳統的道統規範和情操對他們的立身處世多
少還有一些約束作用。今天新一代的批判者無論在
知識上和生活上都已沒有機會直接接觸傳統文化。
他們往往把集權體制看成中國文化的現代翻版,在
這樣的心態下,反現狀和反中國文化竟合為一體了。

　　從文化的觀點說,"保守"和"激進"這兩種
似相反而實相成的態度在長程的發展中必須取得平
衡。面對現代西方文化的挑戰,中國傳統文化不得
不進行大幅度的改變,這是百餘年來大家所共同接
受的態度。但是與近代西方或日本相比較,中國思
想的激進化顯然是走得太遠了,文化上的保守力量
幾乎絲毫沒有發生制衡的作用。中國的思想主流要
求我們徹底和傳統決裂。因此我們對於文化傳統只
是一味的批判,而極少"同情的了解",甚至把傳統
當做一種客觀對象加以冷靜的研究,我們也沒有真
正做到。這是西方"為知識而知識"的科學精神,
但却始終與中國的知識分子無緣。中國人文傳統的
研究到今天已衰落到驚人的地步。對傳統進行猛烈

批判的人也常说"取其精华,去其糟粕"之类的话,可惜只是门面话,不过为批判找借口而已。

矫枉不能过正,我绝不是提倡用"保守化"来代替"激进化"。中国百余年来走了一段思想激进化的历程;为了这一历程也已付出极大的代价。今后这一代价是不是可以变成历史的教训?知识分子是不是能够超越"党同伐异"的政治意识?对于一切"言之成理,持之有故"的说法,无论是保守的或激进的,都加以容忍?尤其重要的是:在激进思潮仍然高涨的今天,我们是不是能够开始养成一种文化上的雅量,对于保守的或近乎保守的言论不动辄以轻薄或敌视的态度对待?我愿意把这一系列问题作为这次演讲的暂时性的结论。

批判的人也常説"取其精華,去其糟粕"之類的話,可惜只是門面話,不過爲批判找藉口而已。

矯枉不能過正,我絕不是提倡用"保守化"來代替"激進化"。中國百餘年來走了一段思想激進化的歷程;爲了這一歷程也已付出極大的代價。今後這一代價是不是可以變成歷史的教訓?知識分子是不是能够超越"黨同伐異"的政治意識?對於一切"言之成理,持之有故"的説法,無論是保守的或激進的,都加以容忍?尤其重要的是: 在激進思潮仍然高漲的今天,我們是不是能够開始養成一種文化上的雅量,對於保守的或近乎保守的言論不動輒以輕薄或敵視的態度對待?我願意把這一系列問題作爲這次演講的暫時性的結論。

讨论问题：

1. 就一方面来说，中国近代知识分子在思想上极为激进，但就另一方面而言，中国保守的势力也极为顽强。许多恶劣的习性，并不因思想的"激进化"而有多少改变；在你看来，中国近代思想有太激进的问题吗？

2. 在现代汉语中，"保守"这个词多少带有贬义，为什么？

3. "激进"是不是一定代表进步？

4. 作者指出中国始终缺乏一个"令人满意的现状"。"令人满意的现状"究竟是什么？是科学与民主，还是社会主义？科学、民主、与社会主义可以共存吗？目前"中国的现状"又是什么呢？

討論問題:

1. 就一方面來説，中國近代知識分子在思想上極爲激進，但就另一方面而言，中國保守的勢力也極爲頑強。許多惡劣的習性，並不因思想的"激進化"而有多少改變;在你看來，中國近代思想有太激進的問題嗎?

2. 在現代漢語中，"保守"這個詞多少帶有貶義，爲什麼?

3. "激進"是不是一定代表進步?

4. 作者指出中國始終缺乏一個"令人滿意的現狀"。"令人滿意的現狀"究竟是什麼?是科學與民主，還是社會主義?科學、民主、與社會主義可以共存嗎?目前"中國的現狀"又是什麼呢?

CPSIA information can be obtained at www.ICGtesting.com
Printed in the USA
BVOW050144090413

317660BV00003B/8/A